EL ENIGMA DE CLEOBULINA

EL ENIGMA DE CLEOBULINA

Traducción de testimonios, acompañada de estudio preliminar, notas y apéndice

Prólogo de Walter O. Kohan

Mariana Gardella • Victoria Juliá

Juliá, Victoria

El enigma de Cleobulina: traducción de testimonios, acompañada de estudio preliminar, notas y apéndice / Victoria Juliá; Mariana Gardella; prólogo de Walter O. Kohan. – 1a ed . – Ciudad Autónoma de Buenos Aires: Teseo, 2018.

150 p. ; 20 x 13 cm.

ISBN 978-987-723-165-6

1. Filosofía. I. Gardella, Mariana II. Kohan, Walter O., prolog. III. Título.

CDD 180

Ilustración de tapa: © Mercedes Berastegui

ISBN: 9789877231656

Las opiniones y los contenidos incluidos en esta publicación son responsabilidad exclusiva del/los autor/es.

Compaginado desde TeseoPress (www.teseopress.com)

Índice

Agradecimientos 9
Prólogo 11
    Walter O. Kohan
Siglas y abreviaturas 17

Estudio preliminar 19

1. Cleobulina de Lindos, persona y personaje 21
2. Los siete sabios y el saber gnómico 29
3. Cleobulina en *Banquete de los siete sabios* de Plutarco 35
4. Los enigmas en la Grecia antigua 47
5. La presencia de Cleobulina en la comedia 67
6. Las mujeres en la tradición intelectual griega 75
7. Sobre nuestra traducción 87

Traducción de testimonios 89

8. Datos biográficos 91
9. La educación de Cleobulina y su lugar entre las mujeres intelectuales de Grecia 95
10. La presencia de Cleobulina en la comedia 97
11. Pintura de Cleobulina en *Banquete de los siete sabios* de Plutarco 99
12. Cleobulina, Esopo y la tradición de la fábula 101
13. Definición y clasificación de los enigmas 105
14. Los enigmas de Cleobulina 109

Tabla de correspondencias 117
Apéndice 119
Bibliografía 139

Agradecimientos

Presencias entrañables han inspirado, desde geografías cercanas y familiares, pero también remotas e inaccesibles, las páginas de este libro. A todas ellas nuestro agradecimiento. En particular, queremos mencionar a Walter Kohan, autor del prólogo; a Mercedes Berastegui, creadora de la ilustración que abraza la portada; y a Octavio Kulesz, director de la editorial Teseo. Dedicamos este trabajo a los queridos alumnos y alumnas de Griego y Filosofía Antigua que han habitado y siguen habitando nuestras aulas y nuestros corazones.

Prólogo

¿Cuántos enigmas contiene un enigma?

Walter O. Kohan

Tengo ante mí la edición todavía en borrador de *El enigma de Cleobulina*. Hace pocos días me la envió Victoria. Me emocionó tanto con su invitación a escribir este prólogo que ni siquiera me atreví a dudarlo, aunque ya no esté tan cerca de los griegos y aunque el nombre "Cleobulina" me resulte mucho más que un enigma. Al final, ¿cómo un alumno le puede decir que no a un pedido tan cariñoso y generoso de su maestra? Otro enigma: el de la educación, el misterio de una vida que no deja de inspirar otras vidas.

Cuando el archivo me llegó, enseguida me di cuenta de que la tarea no iba a ser fácil. Pero ya era tarde para pensarlo porque negarme a escribir este prólogo no se me podría ocurrir. De modo que aquí estoy, frente a *El enigma de Cleobulina*, buscando una infancia de su infancia, un inicio de su inicio, un prólogo de su prólogo. Y quien busca sin cesar algo siempre encuentra, aunque ni siquiera sepa lo que estaba buscando. O justamente por eso, porque es preciso no saber lo que se busca para poder de verdad encontrar algo. De modo que vamos a ver lo que estoy encontrando y espero que este encuentro inspire otros encuentros que este enigmático libro puede provocar.

En la primera sentencia del Estudio preliminar, Mariana y Victoria dicen que "uno de los propósitos centrales de este libro es estudiar los enigmas de Cleobulina de Lindos". Vuelvo al título: *El enigma de Cleobulina*. Vuelvo a la primera línea del estudio preliminar.

Vuelvo al título. Una y otra vez. Me pregunto por la diferencia que va del singular al plural. Y del plural al singular. Creo entender: el título, en singular, se refiere al enigma de la figura de Cleobulina. La preposición "de" indica allí el sujeto. Cleobulina es un enigma. En la otra oración, en cambio, la que está en plural, la preposición "de" indicaría pertenencia: lo que el libro se propone estudiar son los enigmas formulados por Cleobulina y, como estos son más de uno, por eso el plural. En cambio, el título estaría en singular porque se refiere al enigma que la propia figura de Cleobulina constituye. La diferencia está clara aparentemente. Pero si es así, ¿por qué entonces colocar el título del libro en singular? ¿No hay por lo menos dos enigmas, el de la figura y el de sus enigmas? ¿Por qué el título del libro sólo refleja un enigma? El lector debe estar de acuerdo conmigo: la cosa promete, ya vamos por tres enigmas y recién hemos comenzado a leer la primera línea del libro.

La continuidad de la lectura de *El enigma de Cleobulina* sólo multiplica los enigmas y también los saberes, lo que nos deja otro enigma para pensar: el de la relación de los enigmas con el saber. Una primera mirada pondría tal vez a los enigmas del lado del no saber. Sin embargo, parece que quienes formulan enigmas saben bastante y son hijas de sabios, como Cleobulina, hija de Cleobulo, uno de los siete sabios. ¿De qué lado están entonces los enigmas, del saber o del no saber?

No hay cómo no recordar por un instante a Sócrates, Platón y el enigma del oráculo: nadie es más sabio que Sócrates en Atenas, dice la Pitia, según Platón en *Apología*. Sócrates sale a refutar (*elénxon tò manteîon*) sabiendo que no podrá hacerlo porque ¿quién puede creer que el oráculo no dice la verdad? De modo que Sócrates sabe que nadie puede ser más sabio que él en Atenas y ¿qué es lo que descubre? Que efectivamente es el más sabio porque no sabe, igual que todos los otros, pero reconoce que no sabe, a diferencia de todos los otros. ¿De qué lado está entonces Sócrates, del saber o del no saber? No hay caso, tiene razón Derrida, Sócrates y Platón, esa dupla, son el "enigma absoluto" de la filosofía.[1] De modo que Derrida nos deja otro enigma: el de los enigmas absolutos y relativos.

El caso es que Cleobulina, según aprendemos en el Estudio preliminar de *El enigma de Cleobulina*, es un enigma desde su nombre. Es que al parecer su verdadero nombre era Eumetis, o sea, una buena *mêtis*, alguien que sabe hacer uso de las ambigüedades del lenguaje, intuitivo, sagaz, pícaro, sutil, entre otras virtudes. Su nombre describiría perfectamente sus cualidades de hacedora de enigmas. Así, por más sabio y famoso que haya sido su padre, no deja de ser enigmático por qué no se la llamó por su nombre que daba cuenta tan precisamente de sus cualidades. Un nuevo enigma.

Otro enigma de Cleobulina es el de su madre, de quien no se tiene noticia. Este es otro arte de los griegos: hacer de lo más seguro, indudable, incuestionable, un enigma. Claro, aquí el enigma toma la forma menos simple de una problemática de género de enorme complejidad que el libro ayuda a situar. En ese sentido, alerta que visiones simplistas que asignan a los varones el espacio público de la *pólis* y a las mujeres el espacio del *oîkos* son propias apenas de algunas ciudades, como Atenas, y de algunos períodos en particular, de modo que a la hora de estudiar el rol de las mujeres en la Grecia clásica sugiere considerar al menos tres variables: temporal, geográfica y socio-económica.

Esta forma del enigma, el silencio sobre su madre, toca a esta Cleobulina de nombre paterno y hace de este libro una pieza necesaria para ayudarnos a hablar de lo que no se podía hablar y a pensar en lo que no se podía pensar en tiempos de Cleobulina. Es en ese punto

---

[1] Derrida, Jacques, *La carte postale. De Socrate à Freud et au-delà*, París, Flammarion, 1980, p. 56.

donde la filología y la filosofía se confunden, y donde un libro sobre una enigmática mujer en una cultura que, al menos en ciertas ciudades, silenciaba a la mujer se vuelve un testimonio necesario, imperioso, urgente para pensar el trasfondo político de algunos enigmas.

El Estudio preliminar es así también una introducción al estudio del papel de la mujer en la Grecia clásica y, como tal, presenta mujeres mencionadas en uno de los testimonios de Cleobulina: Aspasia, Corina, Telesila, Mía y Safo [T 8]. Prueba de que el trasfondo es político y de que el enigma de Cleobulina no es fácil de descifrar lo muestra que el principal testimonio de su figura sea nada menos que *Banquete de los siete sabios* de Plutarco, donde Cleobulina permanece en silencio y sus enigmas aparecen en boca de otros personajes como Tales o Esopo, siempre hombres. No parece alentador que en su testimonio principal el sujeto del enigma esté en silencio. Ni que sean varones los portavoces de la voz de una mujer. Sin embargo, este es tal vez el secreto principal de Cleobulina, de sus enigmas, de este libro que la presenta: los enigmas no están hechos para ser resueltos, sino para ser pensados, para aumentar y no para disminuir los problemas que permiten pensar, y es allí donde los enigmas se encuentran con la filosofía o se vuelven un motivo para ella. Y donde las respuestas fáciles y rápidas no encuentran mucho sentido. Porque, como dicen Mariana y Victoria, un enigma es "un motor que fuerza a pensar".

Aun cuando no resuelva el enigma de Cleobulina ni se proponga hacerlo, el libro nos ofrece una enorme cantidad de elementos que lo hacen extremadamente interesante para cualquiera que se sienta intrigado no sólo por el o los enigmas de Cleobulina, sino de un modo general por algún enigma. Nos presenta distintos tipos de enigmas y cuatro de sus usos fundamentales entre los griegos: simposial, pedagógico, religioso y filosófico. Introduce, contextualiza y traduce los cuatro enigmas atribuidos a Cleobulina: el de la ventosa, el del buen ladrón, el de la flauta y el del año.

Al Estudio preliminar sigue la traducción de testimonios de Cleobulina organizados en las siguientes secciones: "Datos biográficos", "La educación de Cleobulina y su lugar entre las mujeres intelectuales de Grecia", "La presencia de Cleobulina en la comedia", "Pintura de Cleobulina en *Banquete de los siete sabios* de Plutarco", "Cleobulina, Esopo y la tradición de la fábula", "Definición y clasificación de los enigmas" y "Los enigmas de Cleobulina", con una sección para cada uno de los cuatro enigmas mencionados. El libro se cierra (¿o se abre?) con una "Colección de juegos con palabras", imperdible, insospechada. Dejaré las secciones de esta parte como un enigma que vale un libro.

Quiero terminar este prólogo con un enigma, el de la lengua. Mariana y Victoria muestran que había dos palabras en griego para decir "enigma": *aínigma* y *grîphos*. Una fuente (Luciano) las diferencia porque "en relación con el *aínigma* cualquiera reconoce que ignora, pero en relación con el *grîphos* se ignora, a pesar de que se cree saber". Para Pólux, en cambio, la diferencia entre *aínigma* y *grîphos* radicaría en que el *aínigma* tiene diversión (*paidián*); el *grîphos*, también seriedad (*spoudḗn*). Mariana y Victoria agregan que la distinción no se mantiene en las fuentes y los términos se vuelven intercambiables.

Recuperemos la diferencia, que es una forma de recuperar un enigma y de recuperar un espacio para pensar. No importan tanto las palabras, sino lo que nos hacen pensar. Llamemos al bueno de Pólux. Una de las palabras griegas para decir "enigma" (*aínigma*) tiene dentro la diversión (*paidiá*). Podríamos decir entonces que el enigma (*aínigma*) tiene dentro a la infancia, pues la palabra "diversión" (*paidiá*) remite también a "infancia". ¿Es un enigma una forma de infancia? No hay enigma sin pregunta. No hay infancia sin pregunta. No hay pensamiento sin pregunta. La pregunta es la infancia del pensamiento. ¿Es un enigma una infancia del pensamiento? Estamos por terminar y hemos encontrado el inicio. Podemos terminar sonriendo, hemos encontrado a la infancia. Encontramos un enigma y una pregunta, estamos listos para pensar.

Walter O. Kohan
Febrero de 2018, Vancouver (que, como Victoria sabia y enigmáticamente dijo, "es una ciudad dos veces señalada con tu muy entrañable 'V'").

Siglas y abreviaturas

DK – Diels, Hermann y Kranz, Walter, *Die Fragmente der Vorsokratiker*, Berlín, Weidmann, 3 vol., 1954 (1° ed. 1903).

FS – Mársico, Claudia, *Filósofos socráticos*, Buenos Aires, Losada, 2 vol., 2013-2014.

LSJ – Liddell, Henry; Scott, Robert; Jones, Henry y McKenzie, Roderick, *Greek-English Lexicon*, Nueva York, Oxford Clarendon Press, 1996 (1° ed. 1843).

PCG – Kassel, Rudolf y Austin, Colin, *Poetae Comici Graeci*, Berlín, De Gruyter, 8 vol., 1983-2001.

PW – Parke, Herbert y Wormell, Donald, *The Delphic Oracle*, Oxford, Blackwell, 2 vol., 1956.

SSR – Giannantoni, Gabriele, *Socratis et Socraticorum Reliquiae*, Nápoles, Bibliopolis, 4 vol., 1991.

T – Testimonio

F – Fragmento

Estudio preliminar

1

Cleobulina de Lindos, persona y personaje

Uno de los propósitos centrales de este libro es estudiar los enigmas de Cleobulina de Lindos. No obstante, el primer enigma que nos sale al paso es el que arroja su propia figura, a la que sólo podremos aproximarnos a través del haz de representaciones tanto historiográficas como literarias que nos devuelven los testimonios. Esta tarea no está exenta de dificultades, ya que Cleobulina no ha concitado una gran atención y su presencia en los estudios sobre la tradición intelectual griega antigua es exigua. Varios motivos podrían explicar este fenómeno. Por una parte, su realidad histórica ha sido puesta en duda, sobre todo en el ámbito de la filología alemana decimonónica. Crusius ha propuesto que la figura de Cleobulina fue creada en el marco de la transmisión de las fábulas esópicas, tomando como referencia el testimonio de *Banquete de los siete sabios* de Plutarco donde esta aparece cerca de Esopo y se le adjudica la autoría de una fábula.[2] Wilamowitz, en cambio, alega que fue un personaje de comedia inventado por Cratino, autor de una pieza titulada *Cleobulinas*, y utilizado luego en otras obras, como *Cleobulina* de Alexis.[3] Por otra parte, su imagen ha quedado eclipsada por la de Cleobulo, su padre, uno de los siete sabios de Grecia, a tal punto que se ha creído que este

---

[2] Crusius, Otto, "Litterargeschichtliche Parerga: Kleobuline, Kleobulos und Aisopos", *Philologus*, 1896, pp. 1-5. Cfr. T 14-16.
[3] Wilamowitz, Ulrich, "Lesefrüchte", *Hermes*, vol. 34, 1899, pp. 219-222. Cfr. T 9-10, 12.

era el experto en la composición de acertijos y que, como sugiere Buffière, Cleobulina sería una personificación de la adivinanza.[4] Por último, si bien el material con el que contamos para su estudio no es copioso, como ocurre con buena parte de los pensadores y pensadoras de la Antigüedad, en ediciones como las de Bergk, Diehl y West sólo se han incluido, desprovistos de contexto, tres de los enigmas de Cleobulina —el de la ventosa, el del buen ladrón y el de la flauta—, y se han soslayado otros testimonios que permiten reconstruir su carácter, apreciar la originalidad de sus composiciones y evaluar la importante influencia que ejerció en la tradición posterior.[5]

La historicidad de Cleobulina está atestiguada en numerosas fuentes. Diógenes Laercio y la Suda señalan que Cleobulo tuvo una hija que llevaba ese nombre y que se dedicaba a la composición de acertijos [T 1-2, 26]; Plutarco, Clemente de Alejandría, Jerónimo y Jorge Sincelo la nombran junto a otras mujeres destacadas cuya existencia histórica es indudable [T 4-5, 7-8]; y el autor anónimo de *Discursos dobles* cita, en razón de su autoridad y antigüedad, un enigma de Cleobulina y unos versos de Esquilo como apoyo de una de las tesis que examina [T 24]. El hecho de que Cleobulina haya sido utilizada como un personaje literario es un indicio del interés que suscitó su figura. Es probable que su destacada labor intelectual y su preeminente posición social la hicieran blanco tanto de las burlas de los comediógrafos como de la admiración de Plutarco. La

---

[4] Buffière, Félix, *Anthologie grecque. Première partie: Anthologie palatine*, tome XII: livres XIII-XV, París, Les Belles Lettres, 1970, p. 82, n. 3: "es probable que 'la hija de Cleobulo' no sea otra cosa que la adivinanza personificada".

[5] Bergk, Theodorus, *Poetae lyrici graeci*, pars II: *Poetas elegiacos et iambographos continens*, Leipzig, Teubner, 1866, pp. 440-441; Diehl, Ernestus, *Anthologia lyrica graeca*, fasc. 1: *Poetae elegiaci*, Leipzig, Teubner, 1949, pp. 130-131 y West, Martin, *Iambi et elegi graeci ante Alexandrum cantati*, vol. 2: *Callinus, Mimnermus, Semonides, Solon, Tyrtaeus, Minora adespota*, Nueva York, Oxford Clarendon Press, 1992 (1° ed. 1972), pp. 50-51. El mismo criterio adoptan Bernabé Pajares, Alberto y Rodríguez Somolinos, Helena, *Poetisas griegas*, Madrid, Ediciones Clásicas, 1994, pp. 130-131.

interpretación de Cleobulina que aquí proponemos intenta integrar estas dos facetas, la de la persona y la del personaje, pues ambas se presentan como inescindibles. Por esta razón, hemos tomado como referencia la colección de testimonios y fragmentos reunida por Matelli, ya que incluye fuentes que permiten obtener una visión más amplia sobre Cleobulina y su labor.[6] Asimismo, hemos concedido una singular atención a *Banquete de los siete sabios* de Plutarco. Consideramos que se trata del testimonio más importante, debido a la belleza, la extensión y la complejidad de la representación de Cleobulina que nos ofrece, a quien se la asocia con la tradición del enigma, del saber gnómico y de la fábula. Esta aproximación nos permitirá rescatar los enigmas de la poetisa rodia no como una curiosidad enciclopédica, sino como la expresión original de una nueva forma de mirar e interrogar el mundo.

Sobre Cleobulina poseemos pocos, pero interesantes datos biográficos. Jerónimo señala que llegó a ser célebre en la octogésima segunda Olimpíada (452-449 a. C.), al mismo tiempo que otros poetas y poetisas como Crates, Telesila, Baquílides y Praxila [T 4].[7] Como se puede deducir a partir del comentario de Jorge Sincelo [T 5], esta sería la fecha en la que Cleobulina adquirió notoriedad, probablemente porque sus enigmas se hicieron conocidos en Atenas o porque fue representada en la comedia, no el momento en el

---

[6] Matelli, Elisabetta, "Sulle tracce di Cleobulina", *Aevum*, vol. 71, 1997, pp. 11-61. Aunque mucho más breve, también es relevante la colección reunida por Capellà i Soler, Margalida, *Poetes gregues antigues*, Barcelona, Publicacions de l'Abadia de Montserrat, 2004, pp. 42-45.

[7] La Olimpíada era el lapso de cuatro años que transcurría entre las competencias olímpicas. La primera tuvo lugar entre el 776 a. C., año en que se celebraron dichas competencias por primera vez, y el 773 a. C.

que habría alcanzado su madurez intelectual (*akmḗ*), ya que es una fecha un poco tardía, puesto que se suele situar a Cleobulo y su hija en el siglo VI a. C.[8]

Plutarco comenta que Cleobulina era llamada de esa manera por su padre, aunque su verdadero nombre era Eumetis [T 3, 13-14]. En la mitología griega Metis es hija de Océano y Tetis, y la primera esposa de Zeus. Profusa en recursos, es quien le entrega a este la droga que debe ingerir Crono para vomitar los hijos que se ha tragado.[9] De ahí que el sustantivo griego *mẽtis* designe una forma de inteligencia caracterizada como "astucia" que combina diversas operaciones mentales y discursivas como la intuición, la previsión, la sagacidad, la picardía, el engaño y el sentido de la oportunidad, utilizadas para conseguir exitosamente algún fin en el ámbito práctico.[10] Según la opinión de Detienne y Vernant, el nombre "Eumetis" expresa el tipo de saber que posee Cleobulina, saber que le permite componer enigmas haciendo uso de la ambigüedad del lenguaje y, al mismo tiempo, conocer la respuesta que permite resolverlos:

> El saber de Eumetis es doble: sabe trenzar las palabras ambiguas, reunir los contrarios y entrelazar dos sentidos, pero recíprocamente su *mẽtis* le permite encontrar la palabra o la respuesta que viene a aportar una voz única al discurso

---

[8] Matelli, Elisabetta, *op. cit.*, pp. 35-36. El término griego *akmḗ* (en latín, *floruit*) refiere al momento en que una persona alcanza su madurez intelectual. En las doxografías y cronologías antiguas se hace coincidir de forma arbitraria la *akmḗ* con los cuarenta años.

[9] Hesíodo, *Teogonía* 358, 886-900. Además, Metis era la madre de Atenea. Cuando estaba embarazada, Gea y Urano advirtieron a Zeus que, luego de dar a luz a la niña, concebiría un hijo que lo destronaría. Por esta razón, este devoró a Metis y alumbró a Atenea, gracias a un hachazo en la cabeza que le propinara Hefesto. Cfr. Detienne, Marcel y Vernant, Jean-Pierre, *Les ruses de l'intelligence. La mètis des Grecs*, París, Flammarion, 1974, pp. 61-74 y Grimal, Pierre, *Diccionario de mitología griega y romana*, trad. Francisco Payarols, Barcelona, Paidós, 2008 (1° ed. 1951), *s. v.* Metis.

[10] Detienne, Marcel y Vernant, Jean-Pierre, *op. cit.*, pp. 9-10.

polimorfo y, como si fuera una ligadura mágica, a forzar los aspectos más confusos de una palabra que escapa a la univocidad.[11]

Que el verdadero nombre de Cleobulina sea Eumetis, i. e. buena m̨etis, esconde un juego de palabras que anticipa la sutileza de sus acertijos. Que este nombre haya quedado eclipsado por el de Cleobulina constituye un indicio de la dificultad que plantea la aproximación a su figura que por momentos se asoma y por momentos se oculta detrás de otras.

Se desconoce quién fue la madre de Cleobulina, pero se sabe con certeza que Cleobulo fue su padre. Este es considerado uno de los siete sabios de Grecia. A pesar de que los testimonios señalan que se dedicó a la formulación de acertijos, se le adjudica uno solo, el del año, cuya autoría también se atribuye a Cleobulina [T 26-27]. Aquel compuso cantos, numerosos apotegmas y el siguiente epitafio para Midas:

> Soy una virgen de bronce y reposo sobre la sepultura de Midas. Mientras el agua fluya y los grandes árboles se cubran de hojas, permaneciendo sobre su tumba muy llorada, anuncio a quienes pasan que Midas se encuentra aquí, enterrado (Platón, *Fedro* 264d).[12]

Cleobulo fue soberano de Lindos, de manera que es probable que su hija haya nacido y pasado la mayor parte de su vida allí. Según el testimonio de Plutarco, esta podría

---

[11] *Ibidem*, p. 290.
[12] En *Fedro* el epigrama se cita a propósito de la crítica final de Sócrates al discurso de Lisias, en el extenso pasaje en que emprende la resignificación de la retórica y su conciliación con la filosofía. Sócrates establece que todo discurso debe asemejarse a un organismo vivo y destaca el carácter inorgánico del epigrama de Cleobulo, ya que se puede cambiar el orden de los versos sin que se altere el supuesto sentido. En opinión de Beta, Simone, *Il labirinto della parola. Enigmi, oracoli e sogni nella cultura antica*, Turín, Einaudi, 2016, p. 79, el epitafio de Midas escondería un enigma. Cfr. Diógenes Laercio, I 89-90 y *Antología palatina* VII 153.

haber colaborado con su padre en las tareas de gobierno, ya que se destacaba por su sensatez, su pensamiento político y su filantropía [T 13]. Lindos es una de las ciudades más importantes de la isla de Rodas, debido a su posición naval estratégica y su desarrollo cultural. En la carta que Cleobulo dirige a Solón se dice que es una ciudad gobernada democráticamente (*damokrateoménan*) (Diógenes Laercio, I 93). Según la mitología, Lindos, Ialisos y Cámiros fueron fundadas por Tlepólemo, hijo de Heracles y Astíoque, y ocupadas por los dorios (Homero, *Ilíada* II 653-670). Además de Cleobulo y Cleobulina, son oriundos de esta ciudad el historiador Evágoras e importantes escultores como Cares, creador del Coloso de Rodas; Pitocrito, probable autor de la Victoria de Samotracia; y Agesandro, Polidoro y Atenodoro, miembros de la destacada escuela de estatuaria de Rodas y posibles autores del grupo escultórico conocido como "Laoconte y sus hijos".

La acrópolis de Lindos se ubica en una elevada roca que domina el paisaje de la ciudad y desde la cual se puede observar las azules aguas del mar Egeo. Actualmente, está rodeada por las murallas del castillo de los caballeros de la orden de San Juan, levantadas en el siglo XIV d. C. Allí se conservan los restos de construcciones de época antigua, helenística y bizantina, entre las que se destacan los vestigios del templo de Atenea Lindia. El que se ve actualmente en el sitio arqueológico de Lindos fue construido en el siglo IV a. C. sobre los restos de un edificio más antiguo.[13] Se caracteriza por ser un templo anfipróstilo de orden dórico en el que se distinguen el pronaos, el opistodomos y la cela, donde se encontraban la estatua de la diosa y el tesoro. De acuerdo con el mito, el santuario habría sido fundado por Dánao y sus cincuenta hijas en su paso por Rodas, mientras

---

[13] Sobre las razones de la renovación del templo de Atenea en Lindos, véase el estudio de Lippolis, Enzo, "Il santuario di Athana a Lindo", *Annuario della scuola archeologica di Atene e delle missioni italiane in Oriente*, 1988-1989, vol. 48-49, pp. 97-157.

huían de los cincuenta hijos de Egipto. La construcción del primer templo dedicado a Atenea Lindia se adjudica a Cleobulo [T 1].

2

Los siete sabios y el saber gnómico

Los testimonios sobre Cleobulina sugieren una estrecha conexión entre sus enigmas y la tradición del saber gnómico que se conecta con los siete sabios, quienes representaban el ideal de la educación y moral griegas. La leyenda sobre estos personajes comprende dos ciclos de relatos diferentes: por una parte, el de la competencia en la que estos fueron elegidos como los más sabios entre los griegos y declinaron el premio para ofrendarlo a Apolo; por otra parte, el banquete de sabios que tuvo lugar en Delfos donde cada uno tuvo la oportuniad de exponer su conocimiento.[14]

Ahora bien, ¿qué tipo de saber encarnaban los llamados "siete sabios"? Los términos *sophía*, *sophós* y *sophistés* remiten en los testimonios más antiguos a un quehacer cuyo nombre integra el campo semántico del conocimiento y sus agentes. La *sophía* ("sabiduría") expresa la conjunción entre el conocimiento teórico y el conocimiento práctico.[15] En tanto actividad cognitiva, tiene bases firmes en la experiencia orientada a una práctica artesanal específica, amparada por el saber de alguna de las divinidades protectoras, como se aprecia en los siguientes versos:

> Como la plomada es utilizada para construir de forma recta el mástil de un barco, cuando está en manos de un experto carpintero, quien conoce bien toda su técnica (*páses sophíes*)

---

[14] Busine, Aude, *Les sept sages de la Grèce antique. Transmission et utilisation d'un patrimoine légendaire d'Hérodote à Plutarque*, París, De Boccard, 2002, p. 11.

[15] Cassin, Barbara (dir.), *Vocabulaire européen des philosophes. Dictionnaire des intraduisibles*, París, Seuil, 2004, *s. v. sagesse*.

gracias a los consejos de Atenea, del mismo modo el combate y la batalla entre ellos [*scil.* aqueos y troyanos] estaba igualado (Homero, *Ilíada* XV 410-413).[16]

El adjetivo *sophós* ("sabio") y el sustantivo *sophistḗs* ("sofista") son de aparición más tardía, según la datación de textos que los atestiguan. *Sophós* refiere a todo aquel que domina una técnica y se aplica a poetas, músicos, adivinos, conductores de carros y pilotos de embarcación, entre otros.[17] El adjetivo también refiere a quienes son diestros en asuntos políticos, por eso se usa para caracterizar a gobernantes, legisladores y toda persona prudente en asuntos prácticos, sentido en que se predica de los siete sabios. En lo que respecta al sustantivo masculino *sophistḗs*, este tenía originariamente un significado muy próximo al de *sophós*.[18] Sin embargo, a partir de la apropiación del nombre por oradores y maestros de retórica en los siglos V y IV, las críticas de Sócrates y la recepción platónica en diálogos del primer período, la pragmática ha desplazado *sophistḗs* hacia un uso en cierto modo despectivo para referir a los maestros itinerantes que prometían enseñar a los jóvenes la virtud a cambio de dinero.

2. 1. Los testimonios de Heródoto a Plutarco

Heródoto es la fuente más antigua que aporta datos significativos sobre la tradición relativa a los siete sabios. Este se refiere a la concurrencia en la rica y pujante Sardes,

---

[16] Cfr. Hesíodo, *Trabajos y días* 50-58, *Teogonía* 508-534 y Platón, *Protágoras* 321c-322a.

[17] Cfr. Chantraine, Pierre, *Dictionnaire étymologique de la langue grecque. Histoire des mots*, París, Klincksieck, 4 vol., 1968-1977, s. v. *sophós* y LSJ, s. v. *sophós*. Véase también Píndaro, *Píticas* 5. 115, *Nemeas* 7. 17 y Esquilo, *Suplicantes* 770.

[18] Cfr. Píndaro, *Ístmicas* 5. 28-29; Esquilo, *Prometeo encadenado* 62, 944; Heródoto, *Historias* I 29. 3, II 49. 6 y Platón, *Protágoras* 316d-e, *República* 596d.

durante el reinado de Creso en Lidia, "de todos los sabios (*sophistaí*) de la Hélade". Entre ellos se encontraba Solón de Atenas, quien desconcertó al monarca con su respuesta a la pregunta sobre la identidad del hombre más dichoso (*olbiótaton*), haciendo gala de un saber especial respecto de qué tipo de posesiones y bienes procuran la dicha, y sentando un antecedente de las reflexiones profundas y complejas mediante las que la literatura y la filosofía del período clásico han tratado el arduo tema de la condición humana (*Historias* I 29-33). Abundan en su extensa obra distintas menciones y noticias a propósito de los nombres que integran las distintas listas de sabios que han circulado en la Antigüedad, desde Tales de Mileto hasta el escita Anacarsis (*Historias* I 59, 74-75, 170). No obstante, la primera nómina completa de los siete *sophoí* es la que ofrece Platón en *Protágoras* 342e-343b: Tales de Mileto, Pítaco de Mitilene, Bías de Priene, Solón de Atenas, Cleobulo de Lindos, Misón de Quenea y Quilón de Lacedemonia.[19] Aristóteles consagra a Tales como primer filósofo en *Metafísica* 983-b20-25 y no deja de tratarlo como *sophós*, a diferencia del prudente (*phrónimos*), en *Ética nicomaquea* 1141b1-5. También menciona en distintos contextos a Solón (*Ética nicomaquea* 1100a10-15, 1179a5-10; *Política* 1256b30-35), a Quilón (*Retórica* 1389b1-5, 1398b10-15) y a Anacarsis (*Analíticos segundos* 78b30-35, *Ética nicomaquea* 1176b35-1177a1). Aunque muy probablemente anterior a Heródoto, Heráclito también reconoce que "en Priene nació Bías, cuyo *lógos* es superior a todos los demás" (Diógenes Laercio I 88, DK 22 B 39). En *Banquete de los siete sabios* Plutarco refleja esta línea de testimonios clásicos y tiñe a sus *sophoí* con matices socráticos, cínicos, helenísticos y alejandrinos. Según el orden de aparición, los sabios que el de Queronea incluye en la lista son: Tales, Solón, Bías, Pítaco, Quilón, Anacarsis y Cleobulo (146c-148d). Periandro, el anfitrión del banquete,

---

19 Cfr. *Hipias mayor* 281c y *Cármides* 164e-165a, donde hay referencias a algunos de los sabios y a las sentencias que se les han atribuido.

aparece en algunas nóminas, pero ni Platón ni Plutarco lo admiten formalmente como *sophós*, probablemente debido a su condición de tirano y a la impureza que debe saldar mediante un sacrificio (146d).

2. 2. Selección de apotegmas

El conocimiento de los siete sabios ha quedado plasmado en apotegmas (*apophthégmata*) o sentencias (*gnômai*) que fueron un importante vehículo de transmisión de los valores de la cultura griega. Según indica Platón, "todos ellos eran celosos admiradores, amantes y discípulos de la educación de los lacedemonios, y alguien podría comprender que su sabiduría era de la misma clase: frases breves, dignas de recordar, dichas por cada uno" (*Protágoras* 343a). *Gnóme*, término que suele traducirse por "máxima" o "sentencia", denota un tipo de conocimiento reflexivo que se manifiesta mediante frases por lo general muy económicas, que se valen de la capacidad expresiva de algunas estructuras sintácticas y semánticas de la lengua griega, tales como su extraordinaria capacidad predicativa y prescriptiva, y su virtualidad metafórica, situación que vuelve difícil la tarea de traducirlas.

En las páginas que Diels y Kranz dedican a "Die sieben Weisen" se reproducen siete grupos de máximas o apotegmas, atribuido cada uno respectivamente a Cleobulo de Lindos, Solón de Atenas, Quilón de Lacedemonia, Tales de Mileto, Pítaco de Lesbos, Bías de Priene y Periandro de Corinto.[20] Dado que la nómina de sabios cambia y la autoría de los apotegmas también varía, presentamos a continuación algunas de las sentencias más conocidas. De Cleobulo: "cosa óptima la mesura" (*métron áriston*), "estar bien de cuerpo y alma", "ser amigo de escuchar, no charlatán", "aconsejar

---

[20] Cfr. Diels, Hermann y Kranz, Walter, *Die Fragmente der Vorsokratiker*, Berlín, Weidmann, vol. 1, 1954 (1° ed.), pp. 61-66.

lo mejor a los ciudadanos", "no hacer nada con violencia" y "educar a los hijos" [cfr. T 6]. De Solón: "nada en demasía" (*medèn ágan*), "evita todo placer, cualquiera fuere, que engendre aflicción", "no mientas, di la verdad" y "respeta a los amigos". De Quilón: "conócete a tí mismo" (*gnôthi sautón*), "no hables mucho cuando bebes, pues te equivocarás", "que tu lengua no aventaje a tu mente", "domina el ánimo" (*thymoû krateî*) y "obedece a las leyes". De Tales: "recuerda a los amigos, tanto presentes como ausentes", "cosa difícil conocerse a sí mismo", "cosa dañina el desgobierno (*akrasía*)", "enseña y aprende lo mejor", "no estés inactivo, aun cuando fueres rico" y "no confíes en todos". De Pítaco: "conoce el momento oportuno" (*kairòn gnôthi*) y "confiable la tierra, poco confiable el mar". De Bías: "ama la prudencia". De Periandro: "cuida el universo" (*meléta tò pân*), "democracia, mejor que tiranía", "los placeres, mortales; las virtudes, inmortales" y "cuando estés en la desdicha, ocúltalo para no alegrar a tus enemigos".

3

Cleobulina en *Banquete de los siete sabios* de Plutarco

Banquete de los siete sabios pertenece al *corpus* de las obras de Plutarco agrupadas bajo el título de *Moralia* y se entronca en la tradición de la literatura simposial a la que también pertenecen los *Symposia* escritos por Platón, Jenofonte y Ateneo.[21] Se le ha reprochado muchas veces la falta de un hilo conductor, el carácter escolar, el estilo mediocre y la presencia de numerosos anacronismos, lo cual ha llevado a dudar de la autoría de Plutarco.[22] Sin embargo, se trata de un diálogo en el que se exponen con profundidad diversos temas vinculados con la sabiduría práctica que guardan una manifiesta continuidad: el gobierno de la ciudad, el gobierno de la casa, el cuidado del cuerpo y del alma, y la naturaleza de la divinidad, de ahí que los protagonistas elegidos sean los sabios de Grecia, paradigma de este tipo de *sophía*.[23]

---

[21] Sobre este tema, cfr. Teodorsson, Sven-Tage, "The Place of Plutarch in the Literary Genre of *Symposium*", en Ribeiro Ferreira, José; Leão, Delfim; Tröster, Manuel y Barata Dias, Paula (ed.), *Symposion and Philanthropia in Plutarch*, Coimbra, Centro de Estudos Clássicos e Humanísticos da Universidade de Coimbra, 2009, pp. 3-16.

[22] Una discusión de estas críticas se encuentra en Defradas, Jean; Hani, Jean y Klaerr, Robert, *Plutarque. Oeuvres morales*, vol II, París, Les Belles Lettres, 1985, pp. 169-173 y en Morales Otal, Concepción y García López, José, *Plutarco. Obras morales y de costumbres*, vol. II, Madrid, Gredos, 1986, pp. 209-211.

[23] Cfr. Rodríguez Adrados, Francisco, "Géneros helenísticos en el *Banquete de los siete sabios* de Plutarco", en Fernández Delgado, José y Pordomingo Pardo, Francisca (ed.), *Estudios sobre Plutarco. Aspectos formales*, Madrid, Ediciones

Nuestro interés por *Banquete de los siete sabios* radica en que Plutarco ofrece allí un bello retrato de Cleobulina en tanto personaje de su narración dramatizada, con oportunos pasos de comedia, sobre el famoso encuentro de los siete sabios en Corinto. La acción se inicia con una secuencia que evoca las primeras páginas de *Banquete* de Platón: Diocles, el narrador, comienza el relato con algunas consideraciones sobre el modo en que la memoria, según una ley que le es inherente, opera en los intentos discursivos que pretenden dar cuenta de acontecimientos recientes o remotos, aventando la ingenua ilusión de un rigor historiográfico absoluto y ubicándose en el terreno de la ficción histórica, un tipo de *lógos* con referente objetivo y fuerte carga de elaboración subjetiva. En este punto se hace patente la influencia de la observación de Apolodoro:

> Aristodemo no recordaba completamente todo lo que cada uno dijo, y tampoco yo, a mi vez, recuerdo todo lo que él me fue refiriendo, pero respecto de lo que me pareció especialmente digno de ser recordado, les expondré el discurso de cada uno de los oradores (Platón, *Banquete* 178a).

Tanto en el diálogo de Platón como en el de Plutarco la exposición toma el cariz de una *mímēsis* que está al servicio no del relato de lo que efectivamente aconteció, sino de lo que pudo haber acontecido, es decir, de lo posible. Como observa Aristóteles, en este punto radica la diferencia entre el historiador y el poeta: el primero narra lo sucedido; el segundo, lo que puede suceder según la verosimilitud o la necesidad, lo que hace que la poesía sea más filosófica y elevada que la historia (Aristóteles, *Poética* 1451a35-b10).[24]

Clásicas, 1996, pp. 125-142 y Vela Tejada, José, "El *Banquete de los siete sabios* de Plutarco y los temas de sabiduría práctica", en Ribeiro Ferreira, José; Leão, Delfim; Tröster, Manuel y Barata Dias, Paula (ed.), *op. cit.*, pp. 459-470.

[24] Sobre este tema, cfr. Vecchio, Ariel, "Aristóteles y la *mímēsis* como *tékhnē*: esbozos sobre el problema de su referencialidad", *Anales del Seminario de Historia de la Filosofía*, 2018, en prensa.

En *Banquete de los siete sabios* Diocles entra de lleno en la narración y alterna con naturalidad, en el modo en que lo hace Sócrates en algunos diálogos platónicos, los roles de narrador y personaje. Junto con Tales y Nilóxeno, camina hacia el lugar elegido por Periandro para la reunión (146d). Con un par de trazos Plutarco empieza a definir su elenco, dando ya indicios de ciertos rasgos dominantes del carácter de Tales y en general del humor fino que campeará en las conversaciones de los sabios. El tipo de humor que caracteriza esta y otras obras del de Queronea es ingenioso e irónico. La mayor parte de los chistes tienen su base en juegos con palabras, tal como se manifiesta en la broma de Esopo sobre los "sicionios", designación que remite tanto a los habitantes de Sición como a la ventosa medicinal (*sikýa*) [T 20].[25]

Llegados a destino, Diocles y sus compañeros se detienen unos momentos en la recepción exterior del edificio donde, sin pronunciar palabra, Cleobulina, de pie frente a Anacarsis, está ocupada en acicalar con dedicación cariñosa el cabello y la apariencia del rudo escita [T 13]. Las palabras que Tales dirige a la joven nos remiten una vez más al *Banquete* platónico, en el momento en que Sócrates, ante la sorpresa de Aristodemo por notar que se ha atildado de manera poco habitual en él, explica que se embelleció como corresponde porque va de camino a un encuentro en casa del hermoso Agatón para celebrar el triunfo que este logró en el certamen trágico de la víspera (174a-b). Plutarco dedica un extenso pasaje al modo en que deben prepararse los invitados a un simposio, tanto en atuendo

---

25 Cfr. Fernández Delgado, José, "El sentido del humor de Plutarco", en Fernández Delgado, José y Pordomingo Pardo, Francisca (ed.), *op. cit.*, pp. 384-385. En *Banquete de los siete sabios* se observa una influencia del humor platónico. Sobre este tema, cfr. Donegana, Lucas, "El valor de lo humorístico en Platón y la *anámnesis* como herramienta metafórica", *Symploké*, vol. 8, 2018, pp. 77-86.

y adornos exteriores como en lo interior anímico y en la sobriedad con que se debe administrar el vino. La conclusión es contundente:

> Porque es posible rechazar una comida pesada e incluso, cuando el vino es malo, refugiarse en el agua. Pero un comensal que te hace doler la cabeza, pesado y grosero destruye y barre la gracia de cualquier vino, de cualquier comida y de la mejor cantante, pues no es posible vomitar rápidamente tal disgusto, sino que la antipatía surgida entre unos y otros dura toda la vida, como la fetidez del borracho cada vez que la insolencia o el enojo se originan en el vino (Plutarco, *Banquete de los siete sabios* 147f-148a).

Por esta razón, los sabios expulsan a un personaje indeseable, el milesio Alexidemo, y el clima del encuentro se vuelve grato, cordial, pleno de muestras de elegancia verbal, prudencia social y sabiduría política.

Volviendo a nuestra Cleobulina, es precisamente Tales quien, en el estilo característico que Plutarco le asigna, pronuncia un elogio que define la personalidad de la muchacha, su prudencia, su relación particular con Anacarsis y el rol de consejera política de Cleobulo, en el que queda invertido el sentido habitual de la transmisión del saber práctico y político de los mayores a los más jóvenes. Extraña trayectoria es la de esta transmisión que parte del "bárbaro" Anacarsis y, a través de la prudente hija, enriquece el perfil político de Cleobulo [T 13]. Instalados ya en la sala de reunión en los lugares más o menos previstos, se desarrollan tanto la "actuación" de Cleobulina durante la comida como las alusiones y referencias posteriores a su salida de escena. Así como un componente de la desconcertante personalidad de Sócrates es el carácter ágrafo de sus enseñanzas, parece invertirse aquí la relación con la escritura, haciendo de la Rodia un personaje sin parlamento cuyos *lógoi* son mediatizados a través de otros invitados. El hecho de que sea Esopo quien pronuncie los enigmas de Cleobulina en su nombre enfatiza no sólo la estrecha relación entre los géneros de la fábula y el enigma, sino también la importancia de la transmisión oral de este tipo de composiciones.

La presencia de Cleobulina en la escena del simposio construida por Plutarco abre el interrogante sobre la asistencia de las mujeres a este tipo de eventos. Se ha creído que los simposios eran un lugar de socialización reservado exclusivamente a los varones y que las únicas mujeres que podían asistir eran las heteras y flautistas. No obstante, hay evidencia que indica que la participación de las mujeres en los banquetes de varones no era inusual y que incluso existían banquetes sólo de mujeres.[26] Por este motivo, no es extraño que en su simposio de sabios Plutarco admita la presencia de dos mujeres: Cleobulina y Melisa, la esposa de Periandro.[27] Ambas comparten la comida con el resto de los comensales y se retiran cuando comienza el simposio en sentido estricto [T 15]. Es curioso que, mientras están en el banquete, no profieran ningún comentario. Como hemos señalado, en el caso de Cleobulina este silencio es por demás elocuente, ya que puede ser considerado un recurso para evocar el carácter enigmático de sus composiciones, y recrear la gracia y el misterio de su figura.

3. 1. Cleobulina y el terceto Tales-Esopo-Anacarsis

En el contexto descripto se plasma la articulación del grupo Tales-Esopo-Anacarsis, con el que entran en juego tres modos del saber que intervienen en la definición del

---

[26] Cfr. Burton, Joan, "Women's Commensality in the Ancient Greek World", *Greece & Rome*, vol. 45, 1998, pp. 143-165.
[27] La historia de Melisa es trágica, puesto que fue asesinada por Periandro, quien además profanó su cadáver. Cfr. Heródoto, *Historias* III 50-53, V 92; Diógenes Laercio, I 94-100; Ateneo, *Banquete de los sabios* 589a-f y el ensayo de Loraux, Nicole, "Mélissa, épouse et fille de tyran", en Loraux, Nicole (dir.), *La Grèce au féminin*, trad. Hélène Monsacré, París, Les Belles Lettres, 2003 (1° ed. 1993), pp. 3-37.

carácter de la joven, tres voces que concurren en una armonía que acentúa los rasgos propios de la prudente Eumetis, ya anticipados en T 13.

3. 1. 1. Tales

Si bien el humor domina el clima amistoso del encuentro, es Tales quien se destaca por sus ocurrencias, actitudes y conductas que revelan un especial matiz en su manera de exhibir y comunicar un saber que desborda el estrecho corsé en que lo han confinado buena parte de la tradición doxográfica y la simplificación de muchos manuales escolares. Sin perjuicio de su pericia en materia de eclipses, aguas, principios cósmicos, imanes, teoremas y pirámides, el Tales del simposio de Plutarco se consagra como humorista, diestro en practicar y promover sonrisas irónicas o burlonas y risas francas, en el marco de una sabiduría práctica profunda y amena, con una buena *krâsis* de seriedad (*spoudḗ*) y juego (*paidiá*) (147e-f, 156d). Aristóteles, al referir al episodio sobre aceitunas y prensas de aceite, nos regala una muestra del ingenio socarrón del sabio de Mileto (*Política* 1259a5-35, DK 11 A 10).[28] Diógenes Laercio abunda en este tipo de datos y nos acerca algunas anécdotas:

> Interrogado una vez sobre por qué no tenía hijos, contestó "por amor a los hijos". También dicen que, cuando su madre lo instaba a casarse, le decía "todavía no es el momento oportuno (*oudépo kairós*)" y, tiempo después, cuando le insistía con la misma inquietud, le decía "ya no es el momento oportuno (*oukéti kairós*)" [...]. Afirmaba que en nada difiere la muerte del vivir. Cuando alguien le preguntó "¿y entonces por qué no te suicidas?" dijo "porque no hay diferencia" (Diógenes Laercio, I 26, 35; DK 11 A 1).

---

[28] Cfr. Cordero, Néstor Luis, *La invención de la filosofía. Una introducción a la filosofía antigua*, Buenos Aires, Biblos, 2009, pp. 33-43.

En el diálogo de Plutarco quizás el pasaje más representativo sobre el carácter de Tales se encuentre en 149c-f. Tras haber dado una lección cargada de ironía al necio Alexidemo, Periandro manda a un esclavo a buscar a Diocles, Tales y Nilóxeno para que examinen una criatura recién nacida que lo atemoriza. Un joven servidor campestre les presenta un animal cuya cabeza, cuello y brazos se asemejan a los de un hombre y el resto del cuerpo, al de un caballo. En discrepancia con Diocles, adivino profesional que toma el suceso como señal y oscuro presagio que exige ritos de purificación, Tales ensaya una interpretación irreverente y profana que tranquiliza al aterrorizado Periandro:

> Cuando Periandro se encontró con nosotros en la puerta y nos preguntó por lo que habíamos visto, Tales, dejándome y tomando la mano de aquel, dijo:
> —Oportunamente harás lo que Diocles ordena, pero yo te recomiendo no emplear a los muchachos jóvenes como caballerizos, o bien darles mujeres.
> Me pareció que tras escuchar estas palabras Periandro se alegró mucho, pues echó a reír y, rodeando a Tales, lo abrazó.
> —Creo, Diocles —dijo este— que el presagio se cumplió. Pues, como ves, nos ha sucedido un gran mal: Alexidemo no quiere comer con nosotros (Plutarco, *Banquete de los siete sabios* 149e).

Así, con acierto, Plutarco delinea este sabroso entremés con el que deleita a lectores y lectoras, y realza la *areté* del primero y principal integrante del terceto.

3. 1. 2. Esopo

Por una circunstancia ajena al simposio convocado por Periandro, Esopo se encuentra en Corinto en cumplimiento de una misión encomendada por Creso [T 14]. Su presencia en la reunión de los sabios agrega el aporte de una antigua tradición de relatos vinculados con lo que Dover ha tratado como "moralidad popular", aunque resulta curioso que en su valiosa obra no se encuentre ninguna referencia a la fábula y ni siquiera una mención de Esopo.[29] Esta línea narrativa es ya visible en Hesíodo, especialmente en *Trabajos y días*, e. g. en el *aînos* del águila y el ruiseñor, y tiene también raíces en otras culturas del oriente próximo.[30]

Entre las varias alusiones detectables en el período clásico, resulta muy sugestiva la única mención explícita que Platón hace de Esopo (*Fedón* 60b-61b). Tras reinterpretar un mandato divino, Sócrates ha pasado el tiempo de espera entre la condena y la ejecución dedicado a componer música sobre las fábulas de Esopo. ¿Qué lugar habrán ocupado en el contexto de experiencia de su trayectoria intelectual Esopo y sus fábulas? Sea como fuere, en el pasaje mencionado se usan indistintamente *mŷthos*, *poíema* y *lógos* para referir al género, si bien en 61b se marca con rigor una diferencia entre *lógos* y *mŷthos*, pues se señala a este último término como nombre apropiado para las composiciones del *poietés*. Tampoco Aristóteles en *Retórica* II 20 encuentra un término específico para nombrar la fábula en general. Esta situación da cuenta, en cierto modo, del carácter subalterno de este tipo de producción, considerada incluso inferior a la comedia que, aunque orientada hacia un público más bien *phaûlon*, supo ganarse un lugar entre los géneros literarios reconocidos.[31] Sin embargo, el lugar destacado que Platón da a Esopo en el relato de los últimos días de Sócrates engrandece el modesto mundo de la fábula y a su *poietés* griego por antonomasia, y quizás abunde en esto, aunque de modo tácito, en el mito de las cigarras de *Fedro* 258a-259d. Es de notar que estas referencias de Platón actúan como enlace de la recepción de la obra esópica en el período clásico con la del período helenístico-alejandrino.

---

[29] Dover, Kenneth, *Greek Popular Morality in the Time of Plato and Aristotle*, Indianapolis, Hackett Publishing Company, 1994 (1° ed. 1974).
[30] Hesíodo, *Trabajos y días* 202-211. Cfr. Esopo, *Fábulas* 4.
[31] Cfr. García Gual, Carlos, "Introducción general", en Bádenas de la Peña, Pedro y López Facal, Javier, *Fábulas de Esopo, Vida de Esopo y Fábulas de Babrio*, Madrid, Gredos, 1993 (1° ed. 1978), pp. 7-11.

Esopo participa del simposio narrado por Plutarco casi como si se tratara de un sabio más, aunque algo discriminado dadas su condición social y las características de sus *lógoi*. El tipo de saber que encarna se hace manifiesto de manera chispeante en el intercambio de dardos verbales con los representantes socialmente más elevados de una tradición más seria y culta. Hacia el final del interludio sobre Arión y los delfines, se queja: "ustedes se mofan de mis grajos y cuervos, si estos conversan entre sí, pero sus delfines actúan de manera presuntuosa en esta situación" (162b). En el conjunto de estos contrapuntos se diferencia y destaca el que sostiene con Anacarsis, al que nos referiremos a continuación.

Lo más significativo para la finalidad de nuestro trabajo es la relación de Esopo con los juegos y acertijos de Cleobulina, señalada por Cleobulo al hacer mención de la analogía entre la fábula del vestido de la luna y la del perro [T 16]. Son varios los guiños de picardía con que Esopo hace causa común con ella. El ejemplo más vivo de esta actitud solidaria es el pasaje en que se burla del médico Cleodoro a propósito del valor de los enigmas, en particular el de la ventosa [T 20]. A pesar del desdén por los acertijos que Cleodoro muestra, reivindica la fábula y su alcance universal, caracterizándola como "esta sabiduría bella y variopinta, contada en múltiples lenguas" (158b).

El saber de Esopo y el de la ingeniosa Eumetis, situados entre los aportes del prominente Tales y el "bárbaro" Anacarsis, producen un modo novedoso de articulación social y creación poética cuyos toques oportunos de gracia y discrepancia amable contribuyen con eficacia a la administración de la alternancia *paidiá–spoudḗ* que recorre todo el diálogo y se manifiesta también en los agudos contrapuntos entre Esopo y el Escita.

3. 1. 3. Anacarsis

El carácter de Anacarsis y su relación con Cleobulina están claramente delineados en el momento en que se produce la escena del encuentro de Tales con ambos personajes [T 13]. A lo largo del desarrollo dramático irán apareciendo rasgos reveladores de un saber crítico —relevante por provenir de un sabio no griego— de los aspectos más decadentes de la muy civilizada cultura de cuño ateniense, que evoca las críticas expuestas por Jenófanes de Colofón.[32] Componentes platónicos, cínicos y estoicos, siempre con un ojo orientado hacia el modelo espartano, intervienen en la formación de la ideología del Escita. Si bien en todo el texto se puede detectar esa influencia, combinada con el legado peripatético y epicúreo, es Anacarsis quien parece encarnar en mayor medida un compromiso con estas corrientes y entra a tallar fuerte a partir de la respuesta que propone para la pregunta sobre cómo se debe gobernar una casa. Esopo se burla del estilo de vida relativamente nómada de los escitas señalando que estos vivían en carros a los que compara con el mito del carro del sol que recorre todas las regiones del orbe. Ante estas alusiones burlonas, Anacarsis replica:

> A causa de esto —dijo Anacarsis—, él [*scil.* el sol], único y supremo entre los dioses, es libre y autónomo, ejerce su poder sobre todas las cosas y no es gobernado por nadie, sino que reina y conduce. Sólo que a ti te ha pasado inadvertido cuán extraordinario y admirable es su carro por su belleza y tamaño. Caso contrario, no lo hubieses comparado con los nuestros, mientras bromeas y ríes. Esopo, me parece que consideras que esta casa consiste en techos de barro, madera y arcilla, como si creyeras que el caracol es la envoltura y no el bicho (Plutarco, *Banquete de los siete sabios* 155a-b).[33]

---

[32] Cfr. Ateneo, *Banquete de los sabios* 413f-414c (DK 21 B 2).
[33] Cfr. Epicteto, *Diatribas* I 20. 17.

Por lo demás, inmediatamente después del interludio de los delfines ya mencionado, hay una interesante intervención de Anacarsis sobre la relación alma-cuerpo y el alma como instrumento de la divinidad en los procesos cósmicos, en la que subyace un sincretismo en el que concurren distintas líneas del pensamiento cosmológico de los períodos helenístico y alejandrino (163d-f). Asimismo, la irrupción de algunos condimentos de "barbarie" en el marco de tanta finura y delicadeza urbanas revitaliza la tradición dramática y narrativa de los relatos sobre los siete sabios.[34]

---

[34] Para una ampliación sobre la por momentos imprevisible figura de Anacarsis, cfr. Martin, Richard, "El acento escita: Anacarsis y los cínicos", en Branham, Bracht y Goulet-Cazé, Marie-Odile (ed.), *Los cínicos. El movimiento cínico en la Antigüedad y su legado*, trad. Vicente Villacampa, Barcelona, Seix Barral, 2000 (1° ed. 1996), pp. 182-207. El autor, aplicando recursos metodológicos de la antropología estructuralista, hace una interesante comparación con el rol crítico que algunos representantes de pueblos originarios norteamericanos encarnan frente a aspectos decadentes del muy "civilizado" estilo de vida propio de los estamentos más encumbrados de la sociedad estadounidense, y explica: "el indio aporta una crítica cultural implícita desde el punto de vista de un ideal más elevado" (p. 185). Análogamente Anacarsis aportaría una crítica cultural que se desarrolló como leyenda en la Jonia del VI a. C. y que apuntaba al exceso de prácticas deportivas y cuidados físicos en gimnasios y juegos institucionalizados.

4

Los enigmas en la Grecia antigua

Cleobulina fue una eximia compositora de enigmas. Ahora bien, qué es un enigma y por qué razón ciertas preguntas y afirmaciones tienen carácter enigmático es cosa poco evidente. Comencemos por uno de los más antiguos y conocidos de la cultura griega: el de Edipo. Según el mito, una esfinge aterrorizaba a los ciudadanos de Tebas y devoraba a quienes no fueran capaces de resolver el siguiente acertijo: "¿qué cosa es aquello que, a pesar de tener una única voz, cuenta con cuatro pies, dos pies y tres pies?".[35] Fue Edipo quien halló la solución, haciendo que el monstruo se arrojara al vacío desde la montaña en la que moraba y logrando por medio de esta hazaña casarse con Yocasta, la viuda de Layo, y gobernar la ciudad de Tebas. La resolución del enigma y la caída de la esfinge son un espejo de la trama de la tragedia que compone Sófocles.[36] En efecto, Edipo mismo es un enigma cuya resolución reside en el descubrimiento de su verdadera naturaleza al que llega cuando se reconoce

---

[35] Esta formulación del enigma es citada por Apolodoro, *Biblioteca* 3. 5. 8. La versión más extensa proporcionada por Asclepíades de Tragilo es preservada por Ateneo, *Banquete de los sabios* 456b. Sobre la esfinge, cfr. Katz, Joshua, "The Riddle of the *sp(h)ij–*: The Greek Sphinx and Her Indic and Indo-European Background", en Pinault, Georges-Jean y Petit, Daniel (ed.), *La langue poétique indo-européenne. Actes du Colloque de travail de la Société des Études Indo-Européennes*, Lovaina, Peeters, 2006, pp. 157-194.

[36] Cfr. Segal, Charles, *Tragedy and Civilization: An Interpretation of Sophocles*, Norman, University of Oklahoma Press, 1999 (1° ed. 1981), pp. 216-217, 236-238 y Rokem, Freddie, "One Voice and Many Legs: Oedipus and the Riddle of the Sphinx", en Hasan-Rokem, Galit y Shulman, David (ed.), *Untying the Knot: On Riddles and Other Enigmatic Modes*, Nueva York, Oxford University Press, 1996, pp. 261-268.

como lo opuesto de lo que aparentaba ser.[37] Incluso su nombre (*Oidípous*, del griego *oidéō* "hinchar" y *poús* "pie") esconde un enigma cuya solución revela la verdadera identidad del héroe.[38] Este posee los pies hinchados porque, recién nacido, su padre Layo se los perforó y ató para exponerlo en el monte Citerón y evitar así que se cumpliese el vaticinio del oráculo según el cual el hijo que engendrare lo mataría y causaría múltiples desgracias a sus descendientes.

La importancia del mito de Edipo es un claro indicio del valor de los enigmas, "fenómeno arquetípico de la sabiduría griega".[39] De acuerdo con el punto de vista desarrollado por Colli, los enigmas se caracterizan por su carácter alusivo y por su violencia: a través de múltiples estrategias discursivas, refieren al mundo de forma velada y desatan una lucha por el conocimiento que conlleva un peligro mortal, puesto que la vida de quien debe resolverlos depende muchas veces del hallazgo de la solución.[40] Ahora bien, el carácter trágico de algunos enigmas se combina con su veta humorística. En efecto, junto con los acertijos, problemas, paradojas, acrósticos, anagramas, palíndromos y lipogramas, aquellos se pueden agrupar en lo que actualmente se denomina con el neologismo *technopaígnia*, i. e. la técnica (*tékhnē*) de elaborar juegos (*paígnia*) por medio del

---

[37] Vernant, Jean-Pierre, "Ambigüedad e inversión. Sobre la estructura enigmática del *Edipo rey*", en Vernant, Jean-Pierre y Vidal-Naquet, Pierre, *Mito y tragedia en la Grecia antigua*, vol. I, trad. Mauro Armiño, Barcelona, Paidós, 2002 (1° ed. 1972), pp. 107-111.

[38] En el nombre de Edipo también hay una alusión al verbo *oîda* "saber". Sobre el valor del conocimiento y la ignorancia en *Edipo rey*, cfr. Vernant, Jean-Pierre, "Ambigüedad e inversión. Sobre la estructura enigmática del *Edipo rey*", *op. cit.*, pp. 122-124.

[39] Colli, Giorgio, *La sapienza greca*, vol. 1: Dioniso, Apollo, Eleusi, Orfeo, Museo, Iperborei, Enigma, Milán, Adelphi, 2005 (1° ed. 1977), p. 48. Sobre los enigmas en Grecia se puede consultar el clásico estudio de Schultz, Wolfgang, *Rätsel aus dem hellenischen Kulturkreise*, Leipzig, Hinrichs, 2 vol., 1909, 1912-1913.

[40] Colli, Giorgio, *op. cit.*, p. 435.

lenguaje.[41] Entre estos juegos, los enigmas se destacan por ser una de las manifestaciones más antiguas y primarias del humor como rasgo específicamente humano.[42]

En el marco del estudio de la expresión (*léxis*) desarrollado en *Poética* Aristóteles presenta una definición precisa del enigma y aporta como ejemplo el enigma de la ventosa de Cleobulina, citado en numerosas fuentes como paradigma de este tipo de composiciones [T 17]. Se establece que el poeta debe encontrar la manera de formular expresiones claras que no sean banales. La claridad se logra a través del empleo de los nombres usuales (*ek tôn kyríon onomáton*), pero el uso de nombres extraños (*hē toîs xenikoîs kekhrēménē*) es lo que permite alcanzar la solemnidad y evitar la vulgaridad de la expresión (*Poética* 1458a15-25). Esto último comprende el empleo de palabras extranjeras, la metáfora y el alargamiento.[43] No obstante, la utilización excesiva de estos recursos puede comprometer la claridad del discurso, volviéndolo confuso: si sólo se emplean metáforas, se desemboca en el enigma; si sólo se utilizan nombres extraños, en el barbarismo.[44] La metáfora es definida por Aristóteles como "el desplazamiento hacia una cosa del nombre que corresponde a otra, ya sea del género a la especie, de la especie al género, de una especie a otra especie, o por analogía"

---

41 El trabajo más completo sobre este tema es el de Luz, Christine, *Technopaignia. Formspiele in der griechischen Dichtung*, Leiden-Boston, Brill, 2010. La forma griega *technopaígnia* no está atestiguada en ningún texto antiguo. Ausonio emplea la forma gráfica latina *technopaegnion* para titular un poema de su autoría en el que la sílaba final de cada verso coincidía con la sílaba inicial del verso siguiente.

42 Sobre el aspecto lúdico de los enigmas, cfr. Forster, Edward, "Riddles and Problems from the *Greek Anthology*", *Greece & Rome*, vol. 14, 1945, p. 42 y Naerebout, Frederick y Beerden, Kim, "'Gods Cannot Tell Lies': Riddling and Ancient Greek Divination", en Kwapisz, Jan; Petrain, David y Szymański, Mikołaj (ed.), *The Muse at Play. Riddles and Wordplay in Greek and Latin Poetry*, Berlín, De Gruyter, 2013, p. 124.

43 Sobre la clasificación aristotélica de los nombres, cfr. *Poética* 1457a30-1458a15.

44 Esto explicaría por qué en la Suda, *s. v. gríphos*, el enigma aparece caracterizado como un "discurso oscuro" (*asaphḕs lógos*).

(*Poética* 1457b5-10). El enigma se vale de la metáfora con el objetivo de "hacer combinaciones imposibles para mencionar cosas que realmente existen" (*tò légonta hypárkhonta adúnata synápsai*) [T 17]. En efecto, los enigmas permiten referir a entidades del mundo a través de la combinación de nociones o afirmaciones contrarias o contradictorias. Esta particularidad hace que se presenten como verdaderas paradojas que fuerzan a pensar. En *Retórica* Aristóteles reconoce una vez más la estrecha relación entre el enigma y la metáfora, y refiere nuevamente al enigma de la ventosa como ejemplo de una metáfora bien lograda que sirve para aludir a fenómenos o experiencias que carecen de un nombre propio [T 18].

Según la definición que brinda Clearco de Solos en su obra no conservada *Sobre los enigmas* (*Perì gríphon*), "un enigma es un problema entretenido que demanda encontrar una solución a través de una investigación por medio de la inteligencia, aunque el enigma arrojado sea dicho con la intención de obtener una distinción o provocar un daño" [T 19].[45] La importancia de esta definición radica en presentar el enigma como un "problema entretenido", noción que enfatiza tanto su carácter humorístico como su capacidad para movilizar la inteligencia, ya que se trata de un motor que fuerza a pensar: "la solución de los enigmas no es ajena a la filosofía y con ellos los antiguos realizaban una prueba de la educación" (Ateneo, *Banquete de los sabios* 457c). Clearco habría clasificado los enigmas en siete tipos de los que

---

[45] El adjetivo *epipaistikón* ("entretenido") es un *hápax legómenon*, i. e. un término que se registra una única vez en el *corpus* de textos griegos del que disponemos. En algunas ediciones es corregido por *paistikós*. Sobre Clearco de Solos, cfr. Guichard, Luis, "Acerca del tratado *Perì gríphon* de Clearco de Solos", en Cortés Gabaudán, Francisco y Méndez Dosuna, Julián (ed.), *Dic mihi, Musa, virum. Homenaje al Profesor Antonio López Eire*, Salamanca, Ediciones Universidad de Salamanca, 2010, pp. 285-291.

Ateneo, fuente que transmite la información sobre el peripatético, menciona sólo tres: enigmas construidos a partir de letras, a partir de sílabas y a partir de nombres.[46]

En griego se emplean dos términos para referir al enigma: *aínigma* y *grîphos*. *Grîphos* también designa la cesta hecha de juncos que los pescadores utilizaban para atrapar peces, a partir de lo que se podría inferir que los enigmas eran concebidos como dispositivos que tenían la función de atrapar a quienes no pudieran resolverlos. En opinión de Pólux, la diferencia entre *aínigma* y *grîphos* radica en que el *aínigma* tiene diversión (*paidián*); el *grîphos*, también seriedad (*spoudḗn*) (*Onomástico* 6. 107). En un escolio se señala que "*grîphos* y *aínigma* se diferencian porque en relación con el *aínigma* cualquiera reconoce que ignora, pero en relación con el *grîphos* se ignora, a pesar de que se cree saber" (Escolio a Luciano, *Compra de vidas* 14).[47] El ejemplo de *aínigma* que se cita en el escolio es el que la esfinge lanzó a Edipo. El ejemplo de *grîphos*, en cambio, consiste en una afirmación que, aunque parece evidente, esconde un sentido que es preciso desentrañar: "a Héctor, el hijo de Príamo, lo mató el varón Diomedes (*Diomḗdes anḗr*)".[48] *Diomḗdes anḗr* puede referir no sólo al guerrero Diomedes, quien no mató a Héctor, sino también al "varón de Diomeda", *i. e.* Aquiles, el asesino del hijo de Príamo (Homero, *Ilíada* IX 665). Este enigma hace uso de la ambigüedad que reside en el término *Diomḗdes* que puede ser, o bien la forma en nominativo del nombre masculino "Diomedes", o bien el genitivo de "Diomeda" (*Diomḗdē*), nombre de la muchacha que Aquiles

---

[46] Para un intento de reconstrucción de la clasificación de los enigmas propuesta por Clearco, cfr. Berra, Aurélien, *Théorie et pratique de l'énigme en Grèce ancienne*, París, École des Hautes Études en Sciences Sociales, 2008, pp. 386-404; Guichard, Luis, "Acerca del tratado *Perì gríphōn* de Clearco de Solos", *op. cit.*, pp. 287-290 y Luz, Christine, *Technopaignia. Formspiele in der griechischen Dichtung*, *op. cit.*, pp. 141-146.
[47] Sobre este testimonio, cfr. Luz, Christine, "What Has It Got in Its Pocketses? Or, What Makes a Riddle a Riddle?", en Kwapisz, Jan; Petrain, David y Szymański, Mikołaj (ed.), *op. cit.*, p. 97.
[48] Este enigma también aparece en *Antología palatina* XIV 18.

tomó luego de Briseida. Sin embargo, la distinción entre *gríphos* y *aínigma* no se mantiene de forma consistente en todas las fuentes y los términos se utilizan usualmente de forma intercambiable.[49]

La asociación de los enigmas con el humor que propone Pólux permite tratarlos como un tipo particular de juego que pone a prueba los límites de la capacidad expresiva del *lógos*: "el enigma encarna la *impasse* del lenguaje con su carácter laberíntico, polisémico, y con su andar a la deriva y devenir indescifrable".[50] De acuerdo con la definición ofrecida por Platón, el *lógos* permite mostrar cosas que fueron, son o serán no sólo nombrándolas, sino también ofreciendo información a través de la combinación de un nombre y una expresión predicativa, *e. g.* "Teeteto vuela" o "Teeteto está sentado". Si la combinación reproduce aquella que efectivamente se da en la realidad, el *lógos* es verdadero; de lo contrario, falso (*Sofista* 259d-263d). Por el contrario, las expresiones enigmáticas ponen de manifiesto la escisión insalvable que existe entre las palabras y las cosas, entre el significante y el significado, entre la pregunta y la respuesta. En palabras de Agamben:

> Lo que la esfinge proponía no era simplemente algo cuyo significado está escondido y velado detrás del significante "enigmático", sino un decir en el que la fractura original de la presencia es aludida en la paradoja de una palabra que se acerca a su objeto manteniéndolo indefinidamente a distancia. El *aînos* del *aínigma* no es sólo oscuridad, sino un modo más original del decir. Como el laberinto, como la gorgona y como la esfinge que lo profiere, el enigma pertenece, en efecto, a la esfera de lo apotropaico, es decir, de una potencia protectora que rechaza lo inquietante atrayéndolo y asumiéndolo dentro de sí. El sendero de danza del laberinto,

---

[49] Luz, Christine, "What Has It Got in Its Pocketses? Or, What Makes a Riddle a Riddle?", *op. cit.*, p. 98. Sobre los términos *gríphos* y *aínigma*, véase el estudio lexicológico hecho por Berra, Aurélien, *op. cit.*, pp. 75-269.

[50] Cfr. Pucci, Pietro, *Enigma, segreto, oracolo*, Pisa-Roma, Istituti Editoriali e Poligrafici Internazionali, 1996, p. 20.

que conduce al corazón de aquello de lo que se mantiene a distancia, es el modelo de esta en relación con lo inquietante que se expresa en el enigma.[51]

Buffière sugiere clasificar los enigmas en dos grupos: enigmas en sentido estricto y enigmas en sentido amplio.[52] Aunque esta clasificación se aplica a los enigmas de la *Antología palatina*, transmitidos entre los cientocincuenta epigramas que se presentan en el libro decimocuarto, puede extenderse al resto de los preservados en otras fuentes.[53] Al primer grupo pertenecen los que, enunciados usualmente en primera persona, refieren a personajes míticos, o a entidades y fenómenos de la vida cotidiana. Este tipo de enigmas se formula a través de recursos estilísticos que, haciendo uso de la plasticidad del lenguaje, permiten ocultar la solución.[54] Por una parte, se emplea la metonimia, como se ve en el enigma de la lámpara en el que se llama a la luz Faetón, retoño que resultaría de la unión entre Palas Atenea, que representa por metonimia el aceite de oliva, y Hefesto, el fuego:

> Dominada por sus brazos, se mezcla Palas con Hefesto
> en la cama de la recámara de Peleo.
> Cuando se tapan con las brillantes telas,

---

51 Agamben, Giorgio, *Estancias. La palabra y el fantasma en la cultura occidental*, trad. Tomás Segovia, Valencia, Pre-Textos, 2006 (1° ed. 1977), p. 233. Sobre la ruptura entre pregunta y respuesta que es característica del enigma, cfr. Vernant, Jean-Pierre, "El tirano cojo: de Edipo a Periandro", en Jean-Pierre Vernant y Pierre Vidal-Naquet, *Mito y tragedia en la Grecia antigua*, vol. II, trad. Ana Iriarte, Barcelona, Paidós, 2002 (1° ed. 1972), p. 48.
52 Buffière, Félix, *op. cit.*, pp. 45-49.
53 La *Antología palatina* es una colección de 3700 epigramas ordenados en quince libros. Sobre las características particulares del libro decimocuarto, cfr. Buffière, Félix, *op. cit.*, pp. 29-50 y Marzi, Mario y Conca, Fabrizio, *Antologia palatina*, vol. III: libri XII-XVI, Turín, Unione Tipografico-Editrice Torinense, 2011, pp. 219-221.
54 Seguimos en este punto el análisis de Luz, Christine, "What Has It Got in Its Pocketses? Or, What Makes a Riddle a Riddle?", *op. cit.*, pp. 85-91.

nace inmediatamente Faetón, que se agita por la noche (*Antología palatina* XIV 53).[55]

Por otra parte, es común la formulación de analogías, como se aprecia en el enigma del año de Cleobulina [T 26]. También es frecuente la utilización de palabras con doble sentido, como se observa en el enigma del humo en el que se emplea el término *koúrais*, dativo plural del sustantivo *kóre*, cuyas acepciones son tanto "pupila" como "muchacha":

> Soy hijo negro de padre blanco,
> pájaro sin alas que vuela hasta las nubes del cielo.
> Engendro lágrimas libres de dolor en las pupilas
> que se me acercan, apenas nazco me disuelvo en el aire (*Antología palatina* XIV 5).[56]

Por último, es usual la formulación de enunciados contrarios o contradictorios, punto que acerca los enigmas a las paradojas caracterizadas como "erísticas".[57] Como ejemplo se puede evocar el enigma del silencio:

> No hables y dirás mi nombre.
> Pero, ¿es necesario que hables?
> Entonces, una vez más, gran sorpresa:
> hablando dirás mi nombre (*Antología palatina* XIV 22).

El uso de la contradicción se observa también en el enigma del eunuco aludido por Platón en *República* para referir al ámbito sensible, un intermedio entre ser y no ser que es objeto de la opinión, y cuya característica más notable es la co-presencia de propiedades opuestas:

---

[55] En este enigma hay un juego de palabras entre Peleo (*Peléos*) y "barro" (*pelós*). Por metonimia, "la recámara de Peleo" es la lámpara de terracota. Cfr. *Antología palatina* XIV 21, 37, 54.
[56] Cfr. *Antología palatina* XIV 109.
[57] Ejemplos de este tipo de paradojas se encuentran en *Eutidemo* de Platón y *Refutaciones sofísticas* de Aristóteles, fuentes dedicadas a retratar la refutación erística practicada por los filósofos megáricos.

Varón no varón, viendo y no viendo a un pájaro no pájaro, que estaba posado y que no estaba posado en un tronco no tronco, lo golpea y no lo golpea con una piedra no piedra. De otra manera: varón no varón, pero sin embargo varón —el eunuco—, golpeando con una piedra no piedra —la piedra pómez— a un pájaro no pájaro, pero sin embargo pájaro —un murciélago—, que estaba posado en un tronco no tronco —una caña—, me arruina: el eunuco al murciélago en una caña con una piedra pómez (Escolio a Platón, *República* 479c).[58]

Dentro del grupo de los enigmas en sentido amplio, se incluyen charadas y otros juegos de palabras semejantes. La característica principal de estos enigmas es que no poseen un referente extradiscursivo, sino que se resuelven en el nivel mismo del discurso:

Mugido de buey y palabra de prestamista,
en su totalidad una isla (*Antología palatina* XIV 16).

La solución del acertijo es el nombre de la isla de Rodas (*Ródos*) que se compone de las sílabas -*ro*, onomatopeya del mugido del animal, y -*dós*, segunda persona singular de aoristo de imperativo de *dídomi* ("dame"), expresión utilizada frecuentemente por los acreedores. También se puede citar el enigma que presenta un juego de palabras entre los términos "uña" (*ónux*) y "noche" (*núx*), que en griego difieren en una sola letra:

Del hombre soy una parte, la que con hierro me corta.
Si me quitan una letra, el sol se oculta (*Antología palatina* XIV 35).[59]

---

[58] Ateneo, *Banquete de los sabios* 452c cita una versión diferente que habría tomado de Clearco de Solos.
[59] Cfr. *Antología palatina* XIV 46, 105-106.

En la Grecia antigua los enigmas eran formulados en diversos contextos y con diferentes propósitos. Es posible distinguir, al menos, cuatro usos fundamentales: simposial, pedagógico, religioso y filosófico. Los enigmas eran pronunciados en los simposios como parte de los entretenimientos que tenían lugar luego de la cena y del ofrecimiento de las libaciones. Quienes los resolvían ganaban premios como coronas o tortas y quienes no lograban hallar la respuesta debían cumplir una prenda como beber vino sin respirar o diluido en agua con sal.[60] Este uso de los enigmas pone de manifiesto la dimensión recreativa de este tipo de composiciones que se presenta como un desafío intelectual que entretiene y divierte. Como ejemplo se puede citar los enigmas pronunciados en *Banquete de los siete sabios* de Plutarco y en *Banquete de los sabios* de Ateneo.[61]

Los enigmas eran también utilizados con fines pedagógicos para transmitir conocimientos sobre ciencia natural o sobre los mitos que formaban parte de la educación tradicional griega. Se especula que estos eran dictados por un maestro y copiados por los alumnos, de modo que servían también como ejercicio de escritura.[62] Como ejemplo se puede citar el enigma de la noche y el día:

> A mi madre doy a luz y soy dado a luz por ella;
> algunas veces soy más grande que ella; otras, más pequeña
> (*Antología palatina* XIV 41).[63]

---

[60] Ateneo, *Banquete de los sabios* 458f-459a. Cfr. Forster, Edward, *op. cit.*, p. 43.
[61] Sobre el uso de enigmas para el tratamiento de problemas filosóficos en los banquetes literarios, cfr. Beta, Simone, "Riddling at table: *trivial ainigmata vs. philosophical problemata*", en Ribeiro Ferreira, José; Leão, Delfim; Tröster, Manuel y Barata Dias, Paula (ed.), *op. cit.*, pp. 97-102.
[62] Guichard, Luis, "Acertijos de uso escolar en papiros, tablillas y *óstraka*", en Fernández Delgado, José; Pordomingo Pardo, Francisca y Stramaglia, Antonio (ed.), *Escuela y literatura en Grecia antigua*, Salamanca, Ediciones Universidad de Salamanca, 2007, p. 234.
[63] Cfr. *Antología palatina* XIV 40 y Ateneo, *Banquete de los sabios* 451f. Téngase en cuenta que *nýx* ("noche") y *heméra* ("día") son sustantivos de género femenino. Cfr. T 26-27.

Los enigmas también eran formulados en contexto religioso. En efecto, muchos de los mensajes transmitidos por los oráculos tenían un carácter enigmático cuyo sentido era preciso desentrañar y se componían a través de las técnicas y recursos empleados para la creación de enigmas como las metáforas, las ideas paradojales y los términos polisémicos.[64] Los principales oráculos del mundo griego eran los de Delfos, Dodona, Dídima y Olimpia. Entre ellos, el más famoso y prestigioso fue el de Delfos, ubicado en el impactante santuario de Apolo que se halla en una de las laderas del monte Parnaso, justo en el sitio en el que se encontraron las dos águilas enviadas por Zeus en direcciones opuestas para indicar el centro del mundo. Sentada en un trípode en el interior del templo de Apolo, una pitonisa en estado de trance y bajo la influencia del dios profetizaba a través del proferimiento de sonidos que los sacerdotes interpretaban con el fin de ofrecer una respuesta a quienes consultaban el oráculo.[65]

Las respuestas del oráculo de Delfos, compuestas usualmente en hexámetro dactílico, tenían un carácter sentencioso. Algunas veces eran claras y precisas; otras, oscuras y enigmáticas.[66] Por ejemplo, cuando Jenofonte preguntó a qué divinidad debía realizar los sacrificios pertinentes para

---

[64] Naerebout, Frederick y Beerden, Kim, *op. cit.*, p. 122.
[65] Existen diversas hipótesis sobre el modo en que se realizaban las consultas y se emitían los mensajes. Al respecto, véase el clásico trabajo de Parke, Herbert y Wormell, Donald, *The Delphic Oracle*, vol. 1: The History, Oxford, Blackwell, 1956, pp. 17-45. También se puede consultar el estudio de Fontenrose, Joseph, *The Delphic Oracle. Its Responses and Operations*, Berkeley, University of California Press, 1978, pp. 1-57, 196-228, quien defiende que la pitonisa, sin estar en estado de trance, hablaba directa y claramente a quienes la consultaban, y el trabajo de Ildefonse, Frédérique, "Annexe 1: La divination à Delphes", en *Plutarque. Dialogues pythiques*, París, Flammarion, 2006, pp. 403-430.
[66] Parke, Herbert y Wormell, Donald, *The Delphic Oracle*, vol. 2: The Oracular Responses, Oxford, Blackwell, 1956, pp. xxvii- xxviii. En este volumen se puede encontrar un completo catálogo de respuestas del oráculo de Delfos que incluye tanto respuestas históricas como legendarias que forman parte de mitos.

que su viaje a las tierras de Ciro fuera exitoso, se le respondió sin ambajes que a Zeus (Jenofonte, *Anábasis* III 1. 5-8, VI 1. 22; PW 172). Sin embargo, la respuesta que el oráculo dio a Heracles sobre su propia muerte presenta la impronta de un acertijo que el héroe no fue capaz de resolver:

> Pues hace tiempo tengo una profecía de mi padre:
> no morir en manos de ninguno de los que respiran,
> sino de quien, ya perecido, fuera un morador del Hades (Sófocles, *Traquinias* 1159-1161; PW 480).[67]

Este mensaje oracular adoptó luego la forma de un enigma tradicional:

> Al morir, maté al matador.
> Sin embargo, este no fue al Hades, morí yo (*Antología palatina* XIV 32).[68]

La respuesta al enigma es Neso, el centauro que recibió un flechazo de Heracles por haber intentado violar a su esposa, Deyanira. Antes de morir, aquel engañó a la muchacha diciéndole que su sangre le aseguraría el amor del héroe, cuando en realidad se trataba de un veneno que provocaría su muerte.

Una de las respuestas más conocidas del oráculo de Delfos es la que recibió Querefonte al preguntar si existía alguien más sabio que Sócrates: "nadie es más sabio" (*medéna sophóteron eînai*), respondió la Pitia.[69] El dios formula un enigma (*ainíttetai*) que el mismo Sócrates se propone refutar (*elénxon tò manteîon*), tarea que sirve como motor de la vida filosófica que encarna. Lo curioso es que esta misión lo lleva a confirmar el mensaje del oráculo y reconocerlo

---

[67] Aunque aquí se dice que el mensaje ha sido dado por Zeus, padre de Heracles, y se asocia, por tanto, con el oráculo de Dodona, Séneca lo atribuye al oráculo de Delfos (*Hércules en el Eta* 1476-1478).
[68] En *Antología palatina* XIV 33 hay una variante del mismo enigma.
[69] Platón, *Apología de Sócrates* 21a-c. Cfr. Jenofonte, *Apología de Sócrates* 14 (PW 134, 420).

como irrefutable (*anélenktos*). En efecto, Sócrates es el más sabio porque no sabe y reconoce no saber, a diferencia de la mayoría de las personas que, a pesar de ser ignorantes, creen saber.[70] Como le sucede a Edipo, en la resolución del acertijo se cifra el conocimiento de sí mismo y de la misión a la que Sócrates dedica su vida.

El caso de Sócrates permite explorar el uso filosófico del enigma que se rastrea principalmente en Heráclito de Éfeso, tratado por Timón de Fliunte como *ainiktḗs, i. e.* como alguien que se expresa a través de enigmas.[71] Numerosos testimonios insisten en marcar que su estilo era oscuro a tal punto que gran parte de sus aforismos podrían ser concebidos como acertijos cuyo sentido oculto es preciso develar.[72] Esta oscuridad no es sólo un rasgo formal de la escritura del de Éfeso, sino que pretende reflejar el comportamiento de la *phýsis* que "ama ocultarse" (Temistio, *Discursos* V 69b; DK 22 B 123). En efecto, para acceder al conocimiento del *lógos*, principio único y común que organiza y gobierna la lucha de opuestos que constituye lo real, es preciso interpretar los signos que la naturaleza, que se comporta de modo similar a como lo hace Apolo, aporta: "el Señor, cuyo oráculo es el de Delfos, ni dice ni oculta, sino que da signos (*sēmaínei*)".[73] Ahora bien, este proceso se inicia con el conocimiento de sí, de ahí que Heráclito haya proclamado, evocando la conocida máxima délfica *gnỗthi sautón*, "me busqué a mí mismo" (*edizēsámēn emeoutón*).[74] En

---

[70] Platón, *Apología de Sócrates* 21c-22a. Cfr. McPherran, Mark, "Elenctic Interpretation and the Delphic Oracle", en Scott, Gary (ed.), *Does Socrates Have a Method? Rethinking the Elenchus in Plato's Dialogues and Beyond*, Pensilvania, The Pennsylvania State University Press, 2002, pp. 114-144.
[71] Diógenes Laercio, IX 6 (DK 22 A 1). Cfr. Plotino, *Enéadas* IV 8. 1. 15-17.
[72] Cfr. Maurizio, Lisa, "*Technopaegnia* in Heraclitus and the Delphic Oracles: Shared Compositional Techniques", en Kwapisz, Jan; Petrain, David y Szymański, Mikołaj (ed.), *op. cit.*, p. 103.
[73] Plutarco, *Sobre por qué la Pitia no proclama actualmente sus oráculos en verso* 404d (DK 22 B 93).
[74] Plutarco, *Contra Colotes* 1118c (DK 22 B 101). Cfr. Kahn, Charles, *The Art and Thought of Heraclitus*, Nueva York, Cambridge University Press, 2001 (1° ed. 1979), pp. 116, 130.

efecto, se llega al conocimiento del mundo y el principio que lo organiza una vez que se aprehende el *lógos* de la propia alma, que coincide con el *lógos* cósmico.[75]

La interpretación de los aforismos de Heráclito es un ejercicio que permite, a través del conocimiento de sí, acceder al conocimiento de la naturaleza que se nos escapa, a pesar de estar inmersos en ella, por ver sin mirar y oír sin escuchar.[76] Por este motivo, como señala Plotino, el Efesio "procuró usar imágenes (*eikázein*), sin preocuparse por hacer claro su discurso, como si fuera necesario que cada uno buscara igualmente en sí mismo, como también él mismo, tras buscar, encontró" (*Enéadas* IV 8. 1, DK 22 A 4). Desde esta perspectiva, el enigma puede ser comprendido como una forma de acceso a aquello que, aunque aparece ante la vista, está oculto.[77] Esto se observa en el acertijo de los piojos con que unos niños desafiaron a Homero:

> Se han engañado los hombres con respecto al conocimiento de las cosas manifiestas, tal como Homero, quien fue el más sabio entre los helenos. Pues a él unos niños que mataban piojos lo engañaron diciéndole "cuantos vimos y agarramos, estos mismos dejamos; cuantos ni vimos ni agarramos, estos mismos llevamos" (Hipólito, *Refutación de todas las herejías* IX 5; DK 22 B 56).

---

[75] Cfr. Estobeo, III 1. 180 (DK 22 B 115) —"Es propio del alma un *lógos* que se incrementa a sí mismo"— y Diógenes Laercio, IX 7 (DK 22 B 45) —"No podrías encontrar, mientras marchas, los límites del alma, incluso si transitas cada camino. Tiene un *lógos* así de profundo".

[76] Son múltiples los fragmentos que expresan la crítica de Heráclito a los hombres que, alienados en su propia individualidad, no aciertan a conocer lo común. Al respecto, se puede consultar Clemente de Alejandría, *Stromata* II 8. 1, V 115. 3; Marco Aurelio, *Meditaciones* L. VI. 42; Pseudo Plutarco, *Sobre la superstición* 166c (DK 22 B 17, 34, 75, 89) y el estudio de Bieda, Esteban, "Escuchar, comprender, opinar el *lógos*. Distintos niveles de conocimiento en algunos fragmentos de Heráclito de Éfeso", *Ordia Prima*, vol. 8, 2011, pp. 51-79.

[77] Pucci, Pietro, *op. cit.*, p. 9.

Este es uno de los testimonios que transmite la opinión crítica de Heráclito sobre el saber múltiple y variado (*polymathía*) que impartían poetas como Homero y Hesíodo.[78] En algunas versiones de la anécdota se agrega que Homero habría muerto por no poder resolver el enigma, lo cual aparece aquí sugerido a través de la relación entre el sustantivo *phtheír* ("piojo") y el verbo *phtheíro* ("destruir"), y que era ciego, por lo que no podía ver lo que los niños estaban haciendo.[79] El hecho de que el poeta no haya podido resolver el acertijo pone de manifiesto que el verdadero conocimiento es como un enigma cuya solución, que parece obvia una vez que se llega a ella, es sin embargo difícil de encontrar.

La mayor parte de las veces las respuestas a los enigmas se encuentran en los fenómenos que forman parte de la experiencia ordinaria o en las historias míticas que conforman el acervo cultural compartido.[80] El enigma oculta lo evidente para fomentar la experiencia del asombro, es una variante de la sorpresa que permite mirar con nuevos ojos lo ya conocido. Esta característica explica el humor propio de este tipo de composiciones. ¿Cuál es su chiste, cuál es su gracia? Mostrar que lo evidente puede ocultarse, escurrirse, volverse inusual, magnífico. Este extrañamiento frente a lo manifiesto que propician los enigmas es lo que permite la apertura de la interioridad. Como se observa en los casos de Edipo y Sócrates, la resolución de los enigmas aporta no sólo conocimiento sobre el mundo, sino sobre quien se propone resolverlos, por lo que estos se transforman en vehículo del autoconocimiento. El enigma es un juego para cuya resolución se despliega un camino que atraviesa y alumbra, al mismo tiempo, tanto la interioridad de quien emprende

---

[78] Sobre las críticas de Heráclito a los saberes múltiples (*polymathía*) y a los sabios de su época, cfr. Diógenes Laercio, IX 1 e Hipólito, *Refutación de todas las herejías* IX 10 (DK 22 B 40, 42, 57).
[79] Kahn, Charles, *op. cit.*, pp. 111-112.
[80] Luz, Christine, "What Has It Got in Its Pocketses? Or, What Makes a Riddle a Riddle?", *op. cit.*, p. 93.

la difícil tarea de buscar la respuesta, como la exterioridad del mundo conocido que se transforma repentinamente en un interrogante al acecho.

4. 1. Los enigmas de Cleobulina

La tradición nos ha legado cuatro de los enigmas compuestos por Cleobulina: el de la ventosa, el del buen ladrón, el de la flauta y el del año. Plutarco le atribuye la autoría de una fábula, la del vestido de la luna. El testimonio de Ateneo sugiere que los enigmas de la Rodia tendrían una impronta singular que pondría de manifiesto una perspectiva original sobre el género [T 19]. Las fuentes no hacen referencia a la existencia de ningún escrito de Cleobulina, de manera que es probable que compusiera de forma oral. Al igual que los poemas de Homero y Hesíodo, y los acertijos y adivinanzas de diversas culturas, sus enigmas se han preservado gracias a la memoria y repetición del recitado.

Los enigmas de la ventosa y de la flauta son pronunciados por Esopo en la escena simposial que compone Plutarco, lo que permite pensar que estos eran usualmente recitados en los banquetes a modo de desafíos intelectuales que entretenían a los comensales. De acuerdo con la clasificación esbozada *supra*, los de Cleobulina son enigmas en sentido estricto porque se enuncian en primera persona y refieren a objetos, personajes y fenómenos de la vida cotidiana. En todos ellos la poetisa rodia demuestra su capacidad para ocultar lo visible y manifiesto, generando un efecto de asombro y sorpresa. Al mismo tiempo, algunas de sus composiciones, especialmente el enigma del buen ladrón y la fábula del vestido de la luna, permiten pensar problemas filosóficos tales como el carácter relativo de las normas éticas, la naturaleza del deseo y la necesidad de alcanzar la autosuficiencia.

El enigma de la ventosa es el más conocido, puesto que ha sido citado como paradigma de este tipo de composiciones por Aristóteles y Demetrio [T 17-18, 21].[81] La única fuente que atribuye expresamente su autoría a Cleobulina es Plutarco [T 20]. Sobre este enigma, la mayor parte de los testimonios transmite un verso en hexámetro "vi a hombre soldar con fuego bronce a hombre" que refiere a la aplicación medicinal de las ventosas, instrumentos que se calientan y se adhieren al cuerpo por medio del vacío generado por el calor para aliviar la tensión muscular y mejorar la circulación (Pseudo-Hipócrates, *Sobre la medicina antigua* 22). A través de la analogía, se compara el trabajo de un soldador que por medio del fuego suelda bronce con el del médico que aplica ventosas calientes del mismo material sobre el cuerpo de sus pacientes. Ateneo transmite una versión diferente del enigma en forma de dístico, ya que al hexámetro agrega un pentámetro [T 22]. La referencia a la consanguinidad permite pensar que la aplicación de las ventosas podría estar acompañada de la realización de ciertas incisiones en la piel o del uso de sanguijuelas que provocarían el sangrado.

El enigma del buen ladrón es transmitido por una única fuente, el opúsculo conocido como *Discursos dobles* (*Dissoì lógoi*) [T 24]. La fecha de composición del texto, la identidad del autor y su posición filosófica han sido objeto de numerosas especulaciones. Como hemos defendido en otra parte, el tratado podría haber sido redactado en la primera mitad del siglo IV a. C. por un intelectual que, a partir de un profundo conocimiento de las ideas sofísticas y socráticas de la época, reivindicaba el uso de la antilogía como estrategia de investigación y defendía una posición relativista en el plano ético-moral.[82] En los primeros tres parágrafos del opúsculo

---

[81] El enigma de la ventosa es también citado por Siriano, *Comentario al Sobre las formas de Hermógenes* 36. 12-14 y Juan de Sicilia, *Comentario al Sobre las formas de Hermógenes* 199. 30-200. 2.

[82] Cfr. Gardella, Mariana, "Antilogía y relativismo en *Dissoì lógoi* §§ 1-3", *Éndoxa*, n. 40, 2017, pp. 31-48.

se presentan dos tesis contrarias sobre la naturaleza de lo bueno y lo malo, lo noble y lo vergonzoso, y lo justo y lo injusto: o bien estos constituyen atributos cuya definición y adjudicación no dependen del juicio particular de ningún individuo o grupo de individuos; o bien la definición y atribución de estos predicados tiene su base en el juicio particular, de modo que un mismo hecho puede ser juzgado por algunas personas en ciertas circunstancias de cierta manera y por otras, de la manera contraria. En el tercer parágrafo se defiende una suerte de "relativismo situacional" de acuerdo con el cual la justicia y la injusticia no pueden ser definidas objetivamente, sino que se determinan en relación con la situación concreta en que se desenvuelve el accionar, *i. e.* el *kairós*.[83] Los ejemplos aducidos para justificar este punto de vista muestran que en determinadas circunstancias es correcto actuar en contra de ciertas normas y convenciones generales que prohíben mentir, robar, asaltar edificios públicos y asesinar, *e. g.* no sólo es justo mentir a los enemigos, sino también a los propios padres, cuando es necesario que ingieran un medicamento y la única manera de lograrlo sea ocultándolo en la comida; también es justo robar a los amigos elementos tales como cuerdas y espadas, si con ellas pretenden hacerse daño (§ 3. 1-2).[84] A través del análisis de estos casos, se muestra que la definición abstracta de normas éticas universales carece de sentido, puesto que las situaciones particulares exigen que se estipule para cada caso específico cómo se debe actuar y qué acciones resultarán justas o lo contrario. Para apoyar esta idea, se cita el enigma del buen ladrón de Cleobulina, que refiere a la paradoja de un hombre que con justicia roba y engaña, y

---

[83] El concepto de *kairós* refiere no sólo al momento apropiado para enunciar un discurso, sino también, de forma más amplia, a la situación en la que se juzga que determinado hecho es de cierta forma y no de otra. Cfr. Trédé, Monique, *Kairós, L'à-propos et l'occasion. Le mot et la notion, d'Homère à la fin du IVe siècle avant J.-C*, París, Les Belles Lettres, 1992, pp. 247-253.

[84] Este tema es retomado por Platón en el marco de la justificación de la mentira con fines nobles en *República* 381b-382e, 389b y 459d.

unos versos de Esquilo, en los que se defiende la idea de un "engaño justo" (*apátēs dikaías*) permitido por los dioses que se justificaría en la existencia de un momento oportuno para decir una mentira. Si bien hemos optado por creer que la solución al enigma es la figura del buen ladrón que, como Robin Hood, roba por un fin noble, se ha propuesto también que podría referir a los artistas, e. g. pintores y dramaturgos, quienes componen escenas en las que aparecen maleantes cuyas acciones sólo resultan creíbles si se representan con el mayor grado de verosimilitud posible. Por este motivo, mostrar a un ladrón robando violentamente permite lograr el efecto pictórico o dramático deseado.[85]

El enigma de la flauta es el primer enigma de Cleobulina que Esopo recita en el banquete de Plutarco, tras finalizar la comida, realizar las libaciones y recibir las coronas repartidas por Melisa [T 25]. Anacarsis se burla de la creencia griega según la cual los dioses escuchan con mayor agrado el sonido de las flautas construidas con huesos y madera que el de la voz humana. Para confirmar esta opinión, Esopo aclara que por entonces para la fabricación de flautas se habían reemplazado los huesos de cervatillo por los de burro porque sonaban mejor. A este fenómeno se habría referido el acertijo de la flauta de Cleobulina en el que por metonimia se llama burro muerto a la flauta hecha con los huesos de este animal, al tiempo que se explota la idea paradójica de que un animal muerto pueda aún patear.

El enigma del año es atribuido no sólo a Cleobulina, sino también a Cleobulo. En él se establece una analogía entre el año, los meses y los días; y un padre, sus hijos y sus nietos [T 26-27]. En lo que respecta a la fábula del vestido de la luna, la pregunta de la madre, formulada en

---

[85] Para una discusión de las posibles soluciones del enigma, cfr. Robinson, Thomas, *Contrasting Arguments. An Edition of the Dissoi logoi*, Nueva York, Arno Press, 1979, pp. 184-185. A partir de una referencia presente en Hipócrates, *Sobre la dieta* 1. 24 se ha propuesto también que el enigma podría referir al maestro de lucha (*paidotríbēs*) quien, como aquel señala, enseña a ejecutar acciones tales como engañar y arrebatar.

otro contexto, bien podría constituir un enigma [T 16]. La importancia de esta fábula es que permite reflexionar sobre la naturaleza de los deseos y la necesidad de contar con un criterio que permita decidir cuáles satisfacer y cuáles no. Esta discusión será retomada por Platón a través del símil de los toneles de *Gorgias*, en el que se compara al hombre moderado con un tonel sano y al disoluto con un tonel agujereado que debe ser llenado constantemente, tarea que esclaviza a quien se entrega desenfrenadamente a la satisfacción de cualquier tipo de deseo (493a-494b).

5

La presencia de Cleobulina en la comedia

Con vistas a comprender las referencias a Cleobulina en la comedia, es preciso realizar un breve *excursus* sobre la presencia de personajes femeninos en la poesía dramática griega. En la tragedia las mujeres aparecen, o bien como integrantes del coro —*e. g.* el coro de danaides en *Suplicantes* o los coros de mujeres en *Fenicias, Bacantes* y *Troyanas*—, o bien como personajes secundarios que realizan importantes acciones en la trama —*e. g.* Clitemnestra en *Orestía* o Fedra en *Hipólito*—, o bien como protagonistas —*e. g.* Deyanira y Antígona en *Tranquinias* y *Antígona*; Electra en las piezas homónimas de Sófocles y Eurípides; y Medea, Hécuba, Andrómaca, Ifigenia, Helena y Alcestis en las obras del mismo nombre que Eurípides les consagra—.[86]

En algunas de las tragedias mencionadas es posible encontrar tanto discursos que expresan una profunda misoginia y justifican la desigualdad entre los géneros como otros que la denuncian y ponen de manifiesto el deseo de las mujeres por rebelarse contra la opresión sufrida. Este contraste manfiesta la complejidad del entramado de

---

[86] Sobre las mujeres en la tragedia, véase el estudio general de Des Bouvrie, Synnøve, *Women in Greek Tragedy: An Anthropological Approach*, Oslo, Norwegian University Press, 1991. Aunque tradicionalmente se ha creído que los personajes femeninos eran representados por varones y que las mujeres no podían asistir al teatro, esta opinión ha sido puesta en duda. Cfr. Hughes, Alan, "'*Hai Dionysiazusai*': Women in Greek Theatre", *Bulletin of the Institute of Classical Studies*, vol. 51, 2008, pp. 1-27.

representaciones literarias sobre las mujeres de la época.[87] A modo de ilustración, podemos mencionar tres ejemplos. Por una parte, el caso de las hijas de Dánao en *Suplicantes*. Estas se proponen huir "solteras e indómitas" desde Egipto a Argos porque sus primos quieren casarse con ellas a la fuerza (141-143, 337). Sin embargo, admiten al mismo tiempo que "una mujer sola no es nada. En ella no hay Ares" (749), es decir, que por carecer del valor para guerrear deben someterse al poder de los varones que puedan protegerlas. Por otra parte, en *Antígona* la heroína del mismo nombre reivindica las leyes de los dioses frente a las humanas y socava el poder tiránico de Creonte al realizar los ritos fúnebres sobre el cadáver de Polinices, en contra del edicto que aquel había promulgado. Su accionar contrasta con la posición de Ismene, quien defiende que no deberían transgredirlo porque "mujeres somos por naturaleza, que no luchamos contra los varones" (61-62). Una opinión similar sostiene Creonte, quien afirma que no debe dejarse vencer por una mujer, ya que sería inferior a ella (677-680), y que si no castigara a Antígona por intentar dar sepultura a su hermano, "ahora yo no sería un varón, sino que esta sería varón" (484). Al mismo tiempo, declara que "a las mujeres malvadas para mis hijos yo detesto" (571) y acusa a Hemón, su hijo, de ser esclavo de una mujer (756). Por último, en *Medea* el personaje homónimo se queja de la situación desgraciada que viven las mujeres, quienes deben someterse al yugo del matrimonio, hacer de su cuerpo una posesión del marido y permanecer en la casa, por lo que "querría estar de pie tres veces con el escudo antes que parir una sola vez" (250-251); mientras que Jasón señala que es

---

[87] Es difícil establecer en qué medida las representaciones literarias de las mujeres reflejan la situación de las mujeres reales. Sobre este problema, cfr. Mossé, Claude, *La mujer en la Grecia clásica*, trad. Celia Sánchez, Madrid, Nerea, 1991 (1° ed. 1983), pp. 117-118 y Pomeroy, Sarah, *Diosas, rameras, esposas y esclavas. Mujeres en la Antigüedad clásica*, trad. Ricardo Escudero, Madrid, Akal, 1999 (1° ed. 1975), pp. 113-117.

preciso que los varones sean capaces de engendrar hijos sin las mujeres y "que no exista el género femenino: así no habría ningún mal para los hombres" (573-575).

A diferencia de la tragedia, la comedia no pone en escena a las mujeres de los mitos, sino a las mujeres prosaicas. Si se toma como referencia a Aristófanes, estas aparecen como protagonistas en tres de sus once comedias: *Lisístrata*, *Asambleístas* y *Tesmoforiantes*.[88] La representación de las mujeres que ofrece la obra aristofánica está condicionada por dos de las principales características de la llamada "comedia antigua": por una parte, la formulación de fuertes críticas políticas; por otra, el carácter marcadamente obsceno y escatológico.[89] Aristófanes suele atribuir a las mujeres tres rasgos principales.[90] En primer lugar, una afición ilimitada por el sexo. Esta característica está presente en *Lisístrata*, donde el personaje homónimo propone al resto de las mujeres de la Hélade realizar una huelga sexual ante sus esposos como parte del plan para terminar con la guerra (119-171). Aunque estas aceptan, presentan luego múltiples excusas para poder escabullirse y encontrarse con ellos (706-780). Asimismo, esta afición por el sexo se manifiesta en *Asambleístas*, en la escena de las tres ancianas lascivas que acosan al joven para que se acueste con ellas (877-1111). En segundo lugar, las mujeres aristofánicas muestran una irrefrenable pasión

---

[88] Sobre las mujeres en las comedias de Aristófanes, cfr. Foley, Helene, "The 'Female Intruder' Reconsidered: Women in Aristophanes' *Lysistrata* and *Ecclesiazusae*", *Classical Philology*, vol. 77, 1982, pp. 1-21 y Henderson, Jeffrey, *Three Plays by Aristophanes. Staging Women*, Abingdon-Nueva York, Routledge, 2010 (1° ed. 1996), pp. 20-30.

[89] En el desarrollo de la comedia ática se distinguen tres etapas: la comedia antigua (siglo V a. C.) cuyos máximos representantes son Aristófanes, Éupolis, Ferécrates, Cratino y Platón; la comedia media (desde el año 404 hasta el 338 a. C.) cuyos exponentes son Alexis, Anaxandrides y Antífanes; y la comedia nueva (desde el año 338 hasta el siglo II a. C.), etapa que comprende las obras de Menandro, Filemón y Dífilo. La comedia antigua se caracteriza por su veta crítica y política, mientras que la media y la nueva tratan asuntos sociales y domésticos.

[90] Cfr. Madrid, Mercedes, *La misoginia en Grecia*, Madrid, Cátedra, 1999, pp. 254-258.

por el vino que se observa en *Lisístrata*, en el momento en que las mujeres realizan un juramento llenando una copa con vino y bebiéndolo (194-239), y en *Tesmoforiantes*, cuando Mnesíloco roba a una madre su niña que resulta ser un odre de vino, a causa de lo cual acusa a las mujeres de ser unas bebedoras empedernidas (730-764). En tercer lugar, las mujeres de las comedias de Aristófanes muestran una notable capacidad de actuar como un colectivo. En *Tesmoforiantes* las mujeres que participan de las festividades en honor a Deméter y Perséfone, imitando el funcionamiento del consejo y de la asamblea, se proponen enjuiciar y castigar a Eurípides por lo mal que las trata en sus tragedias. En *Lisístrata* las mujeres jóvenes de toda la Hélade realizan una huelga sexual y las ancianas toman la acrópolis, con el objetivo de apoderarse del tesoro y así acabar con la guerra entre las ciudades griegas. En *Asambleístas* las mujeres se proponen salvar a Atenas de la ruina y, disfrazadas de varones, toman el control de la asamblea y votan que el poder les sea cedido. Cuando esto ocurre, proponen un nuevo programa político en el que tanto la propiedad privada como los cuerpos se transforman en un bien común. En estas piezas la inversión de los roles, que contribuye a diseñar un "mundo del revés" donde las mujeres actúan como se espera que los varones lo hagan, sirve como recurso cómico. Asimismo, la utopía de la ginecocracia que se presenta en *Lisístrata* y *Asambleístas* es utilizada al servicio de la sátira cómica y debe ser comprendida en el marco de las críticas de Aristófanes a la política de su tiempo.[91]

Aunque Aristófanes es el único comediógrafo de quien se conservan piezas completas, por los títulos conocidos de las obras de otros poetas sabemos que era usual representar personajes femeninos en la comedia. También era frecuente aludir a mujeres históricas con el objetivo de burlarse de ellas y censurar su comportamiento. Este parece haber sido el caso de Cleobulina, sobre la que se conservan

---

[91] Cfr. Madrid, Mercedes, *op. cit.*, pp. 266-267.

dos menciones en la comedia. En primer lugar, Cratino, comediógrafo ateniense del período de la llamada "comedia antigua", escribió una pieza titulada *Cleobulinas*, que podría haber sido representada entre el 435 y el 420 a. C., año de la muerte del poeta.[92] El nombre de la obra permite suponer que el coro habría estado compuesto, o bien de compañeras o seguidoras de la poeta, o bien de mujeres que, como ella, se dedicaban a la formulación de acertijos. Tres de las diez referencias que se conservan sobre la pieza resultan especialmente relevantes para reconstruir la imagen de Cleobulina que habría diseñado Cratino.[93] T 9 tiene el carácter de un acertijo de contenido probablemente erótico que refiere a la confección de herraduras y al acto de clavarlas en los cascos de las yeguas.[94] Es posible que en la comedia de Cratino se recitaran algunos enigmas semejantes con el objetivo de parodiar las composiciones de Cleobulina. El contenido erótico-amoroso del acertijo sugiere que esta habría sido representada como una mujer impúdica y lujuriosa, semejante a las muchachas samias que, según refiere Dífilo en su comedia *Teseo*, proponían enigmas obscenos mientras bebían en el festival de Adonis.[95]

---

[92] Bianchi, Francesco, *Fragmenta Comica. Kratinos, Einleitung und Testimonia*, Band 3.1, Heidelberg, Verlag Antike, 2017, pp. 20-22.
[93] Para un análisis completo de todos los fragmentos conservados de la comedia *Cleobulinas*, cfr. Matelli, Elisabetta, *op. cit.*, pp. 23-32.
[94] Como defienden Matelli, Elisabetta, *op. cit.*, pp. 25-26 y Bianchi, Francesco, *op. cit.*, p. 115. Cfr. Homero, *Odisea* III 434.
[95] Ateneo, *Banquete de los sabios* X 451b-c (*PCG* V 49): "En *Teseo* Dífilo cuenta que tres muchachas samias resuelven enigmas (*gripheúein*) mientras beben en las fiestas de Adonis. Se les lanza este enigma: '¿cuál es la cosa más dura de todas?'. Una responde que es el hierro y aporta una prueba para su respuesta, dado que con este las personas cavan, cortan y lo usan para todo. Una vez que es aprobada, se trae a la segunda, quien dice que el bronce tiene una dureza mucho más resistente, dado que, mientras ejecuta su trabajo, curva el fuerte hierro, lo reblandece y hace lo que quiere con él. Pero la tercera declara que el pene es la cosa más dura de todas y, lamentándose por el bronce, enseña que aquel se usa para la penetración anal". Cfr. Matelli, Elisabetta, *op. cit.*, p. 26.

Según indica T 10, en la comedia de Cratino se habría empleado la expresión "lanzando peplos ardientes" (*ekbállontes toùs aitheîs péplous*) que evoca el conocido episodio de la muerte de Heracles cuyo cuerpo se quemó cuando se colocó la túnica impregnada por Deyanira con la sangre de Neso. Se podría pensar que esta metáfora refiere al acto de enunciar un enigma, ya que, como testimonia Plutarco, estos también se lanzan o disparan [T 13, 20]. Según el comentario de Zenobio [T 11], la metáfora del peplo ardiente se usa también para referir a las personas que promueven la sedición, enardeciendo los ánimos de la gente, desacreditando las instituciones políticas y formulando falsas acusaciones. Esto ocurrió, por ejemplo, con la imputación de impiedad que los adversarios de Pericles promovieron contra Aspasia, Fidias y Anaxágoras, a fin de desestabilizar su gobierno.[96] Asimismo, dado que Aspasia era llamada Deyanira, se podría sugerir que la del peplo ardiente era una metáfora utilizada por Cratino para criticar a la esposa de Pericles, quien también habría sido aludida en *Cleobulinas*:

> En las comedias Aspasia es llamada Nueva Ónfale, Deyanira y también Hera. Cratino la ha llamado directamente "prostituta" (*pallakḗn*) en los siguientes versos: "al igual que a Hera, el inmundo deseo dio a luz a Aspasia, prostituta ojos de perro (*pallakḕn kynṓpida*)" (Plutarco, *Vida de Pericles* 24. 9; *PCG* IV 259).

En segundo lugar, Alexis de Turios, comediógrafo del período de la comedia media, escribió una pieza titulada *Cleobulina*. No sabemos nada sobre su contenido, salvo que en ella se mencionaba a Sinope, una prostituta [T 12].[97] Esto no es casual, ya que la comedia media se vuelca al retrato costumbrista y social, dejando de lado el costado político

---

[96] Cfr. Matelli, Elisabetta, *op. cit.*, p. 27.
[97] Alexis habría acuñado el verbo *sinopízein*, forjado a partir del nombre de Sinope, para aludir al hecho de comportarse indecentemente (Focio, 512. 27; *PCG* 109).

propio de la comedia antigua. Por esta razón, los comediógrafos de este período encuentran en la prostitución un filón de comicidad.[98] Si bien en la comedia antigua algunas heteras son aludidas con el objetivo de atacar indirectamente el honor y la integridad de los ciudadanos varones con los que estaban vinculadas, como ocurre con Cinna, Salabaco, Crisila y Aspasia, en la comedia media, las prostitutas adquieren un rol protagónico y ya no se nombran para criticar a alguno de sus clientes.[99] Aunque es imposible reconstruir el contenido de la comedia de Alexis, puesto que no se conserva más que la mención del título que presenta el testimonio de T 12, el hecho de que Sinope fuera un personaje o su nombre aludido invita a pensar que en este período de la comedia Cleobulina también habría sido representada como una mujer lujuriosa o como una prostituta.

---

[98] Cfr. Sanchis Llopis, Jordi, "Las profesionales del sexo en la comedia griega del siglo IV a. C.", *Asparkía*, vol. 25, 2014, pp. 49-51.

[99] Cfr. O'Higgins, Laurie, *Women and Humor in Classical Greece*, Cambridge, Cambridge University Press, 2003, pp. 111-114 y Souto Delibes, Fernando, "El rol de la prostituta en la comedia: de Ferécrates a Menandro", *Cuadernos de filología clásica: estudios griegos e indoeuropeos*, vol. 12, 2002, pp. 178-179. Cfr. Aristófanes, *Acarnienses* 526-527, *Avispas* 1032, *Caballeros* 775, *Paz* 755 y *Tesmoforiantes* 805. En Grecia se consideraba heteras (*hetaírai*) a las mujeres que acompañaban a los varones en los simposios. En muchos casos, estas poseían cierto nivel de instrucción y habilidades artísticas. Se cree que, a diferencia de las prostitutas (*pórnai*), no siempre mantenían relaciones sexuales con sus compañeros. Al respecto, véase Kurke, Leslie, "Inventing the 'Hetaira': Sex, Politics, and Discursive Conflict in Archaic Greece", *Classical Antiquity*, vol. 16, 1997, pp. 106-150.

6

Las mujeres en la tradición intelectual griega

Se ha señalado que uno de los principios que organiza la sociedad griega antigua es el de la división sexual entre el espacio público de la *pólis*, dominado por los varones ciudadanos libres, y el espacio privado del *oîkos*, reservado a las mujeres. Esta diferenciación, rigurosa y la mayor parte de las veces excluyente, viene acompañada de la jerarquización de los sexos que se fundamenta en la presunta superioridad biológica, psicológica y ético-política de los varones.[100] Consideradas desde el punto de vista jurídico como menores de edad, las mujeres estaban privadas de los derechos que correspondían a los ciudadanos y, destinadas a la procreación y cuidado de la familia, eran excluidas de los espacios de participación política y producción intelectual.

Ahora bien, este cuadro de situación no es un reflejo de la totalidad del mundo griego, sino sólo de algunas ciudades, principalmente de la Atenas de época clásica. Por este motivo, a la hora de estudiar el rol de las mujeres en la Grecia antigua es menester considerar tres variables: en primer lugar, la variable temporal, ya que su situación fue diferente en época arcaica, clásica y helenística; en segundo

---

[100] La jerarquización de los géneros ha sido justificada, entre otros, por Aristóteles. Cfr. *Política* 1259a35-1260b25 y *Generación de los animales* 732a1-20. Sobre este tema, se puede consultar los trabajos de Femenías, María Luisa, "Women and Natural Hierarchy in Aristotle", *Hypathia*, vol. 9, 1994, pp. 164-172 y Saïd, Suzanne, "La nature féminine: féminin, femme et femelle dans la biologie d'Aristote", en *Le monde à l'envers. Pouvoir féminin et communauté des femmes en Grèce ancienne*, París, Les Belles Lettres, 2013, pp. 19-53.

lugar, la variable geográfica, ya que las diversas regiones de la Hélade no poseían una única legislación para regular el comportamiento femenino; en tercer lugar, la variable socio-económica, puesto que la vida de las mujeres libres y pudientes era diferente de la de las mujeres pobres, esclavas y extranjeras.

Si consideramos la situación de las mujeres libres en época clásica, en Atenas estas se veían privadas de muchos derechos y prerrogativas de las que gozaban los varones, mientras que en Esparta existía una situación de mayor equidad, ya que las mujeres podían heredar propiedades, involucrarse en los negocios y participar de la política. También recibían un entrenamiento físico completo y exigente, y una educación intelectual que era superior a la de los varones, quienes sólo participaban del entrenamiento militar.[101] El fundamento de este tipo de instrucción era eugenésico: si varones y mujeres poseían el mismo tipo de fortaleza, concebirían los mejores hijos para servir al estado. Asimismo, en algunas ciudades jonias y eolias de Asia menor y en las islas del Egeo, como Lesbos, Quíos y Samos, las mujeres tenían acceso a una educación intelectual notable, centrada en el aprendizaje de la *mousikḗ* que comprendía aquellas disciplinas que, bajo el dominio de las Musas, contribuían a su formación artística e intelectual: la música propiamente dicha, la danza, la poesía y la gramática.[102] Lindos fue una de las ciudades en que las mujeres habrían tenido acceso a este tipo de instrucción, lo cual permite comprender por qué razón Cleobulina pudo dedicarse a la actividad intelectual. Sin embargo, como se desprende de T 6, la educación no les servía como arma de emancipación, sino que aseguraba que pudieran casarse jóvenes.

---

[101] Sobre las mujeres espartanas, véase el trabajo de Pomeroy, Sarah, *Spartan Women*, Nueva York, Oxford University Press, 2002. Sobre los principios de la educación espartana, cfr. Marrou, Henri-Irénée, *Histoire de l'éducation dans l'Antiquité*, París, Éditions du Seuil, 1948, pp. 40-54.
[102] Cfr. Marrou, Henri-Irénée, *op. cit.*, pp. 74-77.

Gracias a su notable técnica de composición de enigmas, Cleobulina es parte de la tradición de mujeres intelectuales de la Antigüedad, integrada en su mayoría por mujeres no atenienses que se ocuparon de distintas ramas del saber, *e. g.* poetisas, matemáticas, filósofas.[103] Ahora bien, la reconstrucción de este canon presenta algunas dificultades. Por una parte, los textos de las mujeres intelectuales griegas han sufrido la misma suerte que la mayor parte de las obras de la Antigüedad: como no se han preservado, tenemos de ellos un conocimiento fragmentario e indirecto a través de las citas literales o referencias no literales que realizan otros autores de la tradición. Por otra parte, las fuentes que transmiten las ideas de las mujeres han sido escritas por varones que, ocupándose más del carácter sexual que del estatus intelectual de las féminas, optan por una de dos actitudes: o bien las tratan con excesiva complacencia, o bien las fustigan con abierta misoginia.[104]

Dos de los testimonios que hemos incluido en este volumen aportan diferentes versiones del canon de figuras intelectuales femeninas al que pertenece Cleobulina. En primer lugar, en T 7 Plutarco se dirige a Poliano y

---

[103] Sobre la tradición de mujeres intelectuales griegas, consúltese Wider, Kathleen, "Women Philosophers in the Ancient Greek World: Donning the Mantle", *Hypatia*, vol. 1, 1986, pp. 21-62; Waithe, Mary, *A History of Women Philosophers*, vol. 1: Ancient Women Philosophers 600 B. C.-500 A. D., Dordrecht, Kluwer Academic Publishers, 1987 y Plant, Ian, *Women Writers of Ancient Greece and Rome. An Anthology*, Norman, University of Oklahoma Press, 2004. También pueden ser útiles los trabajos de Salisbury, Joyce, *Encyclopedia of Women in the Ancient World*, Santa Bárbara, ABC-CLIO, 2001 y Lightman, Marjorie y Lightman, Benjamin, *A to Z of Ancient Greek and Roman Women*, Nueva York, Facts On File, 2008 (1ª ed. 2000). Se debe tener en cuenta que la diferenciación entre disciplinas comienza a gestarse paulatinamente a partir del siglo IV a. C., en parte gracias a la labor de Platón, quien se ocupa de demarcar el campo de la filosofía del de la poesía, la retórica y la matemática. Al respecto, cfr. Nightingale, Andrea, *Genres in Dialogue. Plato and the Construct of Philosophy*, Cambridge, Cambridge University Press, 1995, pp. 10-15.

[104] Wider, Kathleen, *op. cit.*, p. 23.

a Eurídice, dos de sus discípulos unidos en matrimonio, a fin de presentar ciertas recomendaciones sobre el rol que deben cumplir los varones y las mujeres en la relación conyugal. Aconseja a Eurídice no embellecerse con adornos costosos, sino imitar las acciones virtuosas de mujeres notables como Téano, Cleobulina, Gorgo, Timoclea, Claudia y Cornelia. Téano de Crotona (siglo VI a. C) fue una filósofa pitagórica y esposa de Pitágoras, con quien tuvo dos hijas que también se dedicaron a la filosofía: Mía y Arignota.[105] Este fue uno de los primeros en admitir mujeres en su círculo filosófico, ya que estas no eran consideradas inferiores a los varones, de modo que debían recibir la misma educación y actuar siguiendo las mismas normas de conducta.[106] A Téano se atribuye la autoría de las siguientes obras: *Apotegmas de los pitagóricos*, *Recomendaciones que convienen a las mujeres*, *Sobre la virtud*, *Sobre la piedad*, *Sobre Pitágoras*, *Notas filosóficas* y algunas cartas escritas en época helenística

---

[105] En algunos testimonios se dice que Téano fue esposa de Brontino, discípula de Pitágoras y madre de un varón, Telauges, que habría sido sucesor de Pitágoras y maestro de Empédocles. No se sabe si Damo, hija de Pitágoras, era también hija de Téano. Véase el testimonio de Diógenes Laercio, VIII 42-43 y las observaciones de Macris, Constantinos, "Théano", en Goulet, Richard (dir.), *Dictionnaire des philosophes antiques*, vol. VI: de Sabinillus à Tyrsénos, París, CNRS Éditions, 2016, pp. 820-839.

[106] Entre las mujeres pitagóricas, se debe distinguir a quienes fueron contemporáneas de Pitágoras y a las que lo sucedieron. Estas últimas, llamadas "neo-pitagóricas", vivieron en época helenística y escribieron algunas cartas y textos en prosa, incluidos en la edición de Thesleff, Holger, *The Pythagorean Texts of the Hellenistic Period*, Åbo, Åbo Akademi, 1965 y traducidos al español por Solana Dueso, José, *Las filósofas pitagóricas. Escritos filosóficos y cartas*, Amazon E-book, 2014. Las principales referencias a las mujeres pitagóricas se encuentran en las obras dedicadas a la vida de Pitágoras, especialmente, la biografía que Diógenes Laercio presenta en el octavo libro de sus *Vidas y sentencias de los filósofos más ilustres*, la *Vida de Pitágoras* de Porfirio y la *Vida de Pitágoras* de Jámblico. Sobre las mujeres pitagóricas, cfr. Pomeroy, Sarah, *Pythagorean Women. Their History and Writings*, Baltimore, The Johns Hopkins University Press, 2013.

y firmadas con su nombre.[107] En los fragmentos que se conservan se abordan principalmente cuestiones metafísicas vinculadas con la teoría del número y la inmortalidad de las almas, y cuestiones morales asociadas con la conducta de las mujeres, la relación con sus esposos y la educación de los hijos.[108] También se adjudican a sus hijas algunas obras. A Mía se le atribuye una carta que en verdad fue redactada en época helenística. Está dirigida a Filis, una madre primeriza a quien se le da consejos sobre las cualidades de una buena nodriza y los cuidados apropiados para un niño recién nacido.[109] Arignota es autora de obras de contenido religioso: *Báquicas*, un escrito sobre los misterios de Deméter; *Discurso sagrado; Sobre los misterios* y *Misterios de Dioniso* (Suda, *s. v.* Arignota).

Gorgo (siglos VI-V), hija de Cleómenes I y esposa de Leónidas I, es señalada como el modelo de madre y esposa espartana. El anecdotario recopila dos intervenciones clave en asuntos de política exterior que revelan la significativa influencia que ejerció sobre los varones de su familia y sobre la sociedad laconia. A la edad de ocho o nueve años estuvo presente cuando Aristágoras, un embajador que representaba a las ciudades griegas de Jonia, acudió a Cleómenes para persuadirlo de apoyar la rebelión contra Persia y le ofreció una cuantiosa suma de dinero. En ese momento, Gorgo aconsejó a su padre

---

[107] Suda, *s. v.* Téano I y Téano II, y Estobeo, I 125-126. Se cree que bajo el nombre "Téano" habría que considerar a dos mujeres diferentes: una sería la autora del fragmento conservado del escrito *Sobre la piedad* y otra, la autora de las cartas. Sobre el carácter y transmisión de los escritos pitagóricos de época helenística, cfr. Thesleff, Holger, *An Introduction to the Pythagorean Writings of the Hellenistic Period*, Åbo, Åbo Akademi, 1961, pp. 71-77.

[108] Una interpretación de los fragmentos de contenido filosófico de Téano se encuentra en Waithe, Mary, *op. cit.*, pp. 12-15.

[109] Cfr. Thesleff, Holger, *The Pythagorean Texts of the Hellenistic Period, op. cit.*, pp. 123-124 y Centrone, Bruno, "Myia", en Goulet, Richard (dir.), *Dictionnaire des philosophes antiques*, vol. IV: de Labeo à Ovidius, París, CNRS Éditions, 2005, pp. 573-574.

expulsar al embajador porque ese episodio causaría su ruina (Heródoto, *Historias* V 51). Años más tarde, Demarato, quien se había exiliado en la corte de Jerjes, mandó un mensaje secreto a los espartanos para advertirles de la próxima invasión persa, escrito en una tabla de madera y cubierto con cera. Fue Gorgo quien propuso rascar la cera encontrando así el mensaje (Heródoto, *Historias* VII 239).[110]

Timoclea (siglo IV a. C.) fue una ciudadana tebana, hermana de Teágenes, general que luchó contra Filipo II y murió en la batalla de Queronea. Cuando las tropas de Alejandro invadieron la ciudad de Tebas en el año 335 a. C., un grupo de soldados asaltó la casa de Timoclea. Luego de ser violada por Hiparco, uno de los comandantes, este le pidió todo el oro y la plata que tuviera. Timoclea le dijo que había escondido sus bienes en un pozo en el jardín y, cuando Hiparco se acercó, lo empujó y le arrojó piedras hasta matarlo. Los soldados la capturaron y la llevaron ante Alejandro, quien la dejó en libertad, impresionado por su valentía (Plutarco, *Vida de Alejandro* 12. 1-6).

Claudia Quinta (siglo III a. C.) fue una matrona romana considerada una de las mujeres más castas y virtuosas. Estuvo encargada de traer la imagen de culto por medio de la cual se veneraba a la diosa Cibeles desde su santuario, ubicado en Asia menor, hasta Roma (Tito Livio, XXIX 14 y Ovidio, *Fasti* IV 305). Cuando el barco que traía la pieza encalló, los rezos de Claudia hicieron que se liberara. A la llegada de la estatua de la diosa a Roma se atribuye la buena cosecha y la victoria de los romanos sobre Aníbal. Cornelia (siglo II a. C.) fue otra destacada mujer romana, nacida en el seno

---

110 Sobre Gorgo, cfr. Paradiso, Annalisa, "Gorgo, la spartiate", en Loraux, Nicole (dir.), *La Grèce au féminin, op. cit.*, pp. 115-131 y Gardella, Mariana, "Los apotegmas de Gorgo, la espartana", *Symploké*, vol. 8, 2018, pp. 8-16.

de una familia noble, hija de Emilia Tercia y Publio Cornelio Escipión Africano. Recibió una educación centrada en la literatura y filosofía griegas. Se casó con Tiberio Sempronio Graco, con quien tuvo doce hijos, entre los que se cuentan Tiberio y Cayo, impulsores de una reforma agraria que los enfrentó a los aristócratas y les costó la vida. Cuando enviudó, rechazó la propuesta de casamiento de Ptolomeo VIII, rey de Egipto, y se ocupó de la educación de sus hijos, centrada al igual que la suya en el conocimiento de la antigua cultura griega. Escribió una gran cantidad de cartas de las que se conservan algunos fragmentos.

En segundo lugar, en el capítulo decimonoveno del cuarto libro de sus *Stromata* Clemente de Alejandría elabora una extensa lista de importantes mujeres que se destacaron por su carácter y sus acciones, con el objetivo de mostrar que al igual que los varones estas son capaces de alcanzar la perfección (*teleiótes*). De la tradición hebrea, Clemente recuerda a Judit, Ester y Susana. De la griega, menciona a Lisídica y Filótera;[111] a mujeres que tuvieron algún tipo de participación política, como las de Argos, lideradas por Telesila, y Leona, la amante de Aristogitón;[112] y a figuras femeninas de la mitología, como Atalante, ágil cazadora consagrada a Artemisa, Anticlea, la madre de Odiseo, quien murió esperando a que su hijo volviera, y Alcestis, quien decidió morir en lugar de su esposo. Asimismo, elabora una lista de mujeres intelectuales entre las que se

---

[111] Lisídica y Filótera eran dos mujeres símbolo del decoro: aquella por bañarse vestida, esta por levantarse la túnica a medida que el agua cubría su cuerpo desnudo.

[112] En 514 a. C. Harmodio y Aristogitón decidieron asesinar a Hipias, tirano de Atenas, y a su hermano, Hiparco. Si bien lograron matar a este último, Harmodio perdió la vida y Aristogitón tuvo que huir. Para encontrarlo, Hipias torturó a Leona, quien se mordió y tragó su propia lengua para no delatar a su amado. Por esta hazaña se erigió una estatua de bronce de una leona en la ciudad Cfr. Pausanias, *Descripción de Grecia* XXIII 1-2 y Plinio el Viejo, *Historia natural* VII 23. 87.

incluye a las pitagóricas Téano y Arignota; a Temista de Lámpsaco, una epicúrea;[113] a Lastenia de Mantinea y Axiotea de Fliunte, alumnas de la Academia platónica; a Menéxena, Argeia, Teognis, Artemisia y Pantacleia, las hijas dialécticas de Diodoro Crono;[114] a Hiparquia de Maronea, la filósofa cínica, esposa de Crates de Tebas;[115] y a Arete, la hija de Aristipo de Cirene, quien educó a su propio hijo, apodado por este motivo *Metrodídaktos* ("educado por la madre").[116]

En el pasaje incluido en T 8 Clemente hace referencia a Cleobulina junto con Aspasia, Corina, Telesila, Mía y Safo. Aspasia de Mileto (siglo V a. C.) fue una eximia intelectual del siglo V a. C., experta en retórica. Llegó a Atenas en torno al 450 a. C. y se casó con Pericles. Tras enviudar, volvió a casarse con Lisicles, a quien transformó en un hábil orador. Fue maestra de Sócrates y de

---

[113] Temista y su esposo, Leoncio, habrían conocido a Epicuro durante su estadía en Lámpsaco, donde organizó una comunidad filosófica de la que estos formaron parte. Se conservan algunos fragmentos de cartas escritas por Epicuro a su discípula. Cfr. Diógenes Laercio, IX 5. Lactancio, *Instituciones oratorias* III 25. 15 sostiene que Temista es la única mujer digna de ser llamada "filósofa", pero Cicerón, *Del supremo bien y del supremo mal* II 68 afirma que no vale la pena leer ninguno de sus libros. Cfr. Dorandi, Tiziano, "Thémista de Lampsaque", en Goulet, Richard (dir.), *Dictionnaire des philosophes antiques*, vol. VI: de Sabinillus à Tyrsénos, París, CNRS Éditions, 2016, pp. 848-849.

[114] Cfr. Jerónimo, *Contra Joviniano* I 42 (*SSR* II F 6, *FS* 206).

[115] Sobre Hiparquia, cfr. Diógenes Laercio, VI 96-98 y Suda, *s. v.* Hiparquia (*SSR* V I 1-2). Hiparquia pertenecía a una familia noble. Cuando se enamoró de Crates, reununció a sus riquezas para seguirlo. Adoptó el modo de vida cínico y decidió invertir el tiempo en su educación. La actitud de Hiparquia es un símbolo de la crítica de los cínicos a tres aspectos de la vida social: el matrimonio, la sexualidad y la condición de las mujeres. Cfr. García González, Jesús y Fuentes González, Pedro, "Hipparchia de Maronée", en Goulet, Richard (dir.), *Dictionnaire des philosophes antiques*, vol. III: d'Eccélos à Juvénal, París, CNRS Éditions, 2000, pp. 742-750.

[116] Cfr. Diógenes Laercio, II 72; Suda, *s. v.* Aristipo; Estrabón, XVII 3. 22 y Temistio, *Discursos* XXI 244b (*SSR* IV A 160, B 1, 3; *FS* 347-348, 648, 651).

su propio esposo.[117] Se le atribuyen algunos epigramas amatorios y Jenofonte señala que era experta en asuntos matrimoniales y en economía doméstica (Jenofonte, *Memorabilia* II 6. 36, *Económicos* III 14). Fue acusada de impiedad por el cómico Hermipo, como ocurrió con otros allegados al círculo de Pericles. Según testimonia Plutarco, el fundamento de la acusación habría sido el hecho de haber concertado citas entre su esposo y algunas mujeres libres en su propia casa (Plutarco, *Vida de Pericles* 32. 1). Esta opinión tergiversaría un hecho probable: que Aspasia recibía en su casa a mujeres y varones que acudían a escucharla y aprender sus enseñanzas (Plutarco, *Vida de Pericles* 24. 5).

Corina de Tanagra fue una compositora de poesía lírica coral. Se creía que era contemporánea de Píndaro, dado que en algunos testimonios se dice que logró vencerlo en cinco competiciones. Pausanias señala que en su tumba había una pintura de la poetisa en un gimnasio de Tebas, atando su cabello como señal de la victoria sobre el poeta (Pausanias, *Descripción de Grecia* IX 22. 3). Sin embargo, se ha mostrado que habría nacido más tarde, en el siglo III a. C.[118] Su mayor innovación fue haber hecho de los mitos tradicionales sobre dioses y héroes temas propios de la poesía lírica.[119] Sus composiciones están escritas en una variante dialectal local propia de la región de Beocia.

---

[117] Cfr. Platón, *Menéxeno* 235e-236c; Plutarco, *Vida de Pericles* 24-25, 32, 37 y el estudio de Solana Dueso, José, *Aspasia de Mileto. Testimonios y discursos*, Barcelona, Anthropos, 1994, pp. XI-XXXV. También se puede consultar los testimonios del diálogo *Aspasia* redactado por Esquines y preservados en Cicerón, *Sobre la invención* I 31. 51-53; Quintiliano, *Institución oratoria* V 11 27-29 y Victorino, *Sobre la retórica* I 31. 240-241 (*SSR* VI A 70, *FS* 1250-1252).
[118] West, Martin, "Corinna", *The Classical Quarterly*, vol. 20, 1970, pp. 277-287.
[119] Al respecto, cfr. Collins, Derek, "Corinna and Mythological Innovation", *The Classical Quarterly*, vol. 56, 2006, pp. 19-32.

Telesila (siglo V a. C.) fue una poetisa y guerrera oriunda de Argos. Organizó a las mujeres de su ciudad para defenderse del ataque de Cleómenes, rey de Esparta. En efecto, dado que no había suficientes guerreros, armó a las mujeres que estaban en condiciones de luchar y las apostó en el lugar donde los lacedemonios atacarían. Cuando estos las vieron, se retiraron del combate por miedo a ser odiados, o bien por matarlas, o bien por ser derrotados por ellas (Pausanias, *Descripción de Grecia* II 20. 8). Para honrar esta hazaña, los argivos habrían erigido a Telesila una estatua en la que se la vería colocándose un yelmo para luchar junto a libros que se encontraban desparramados por el suelo. También se cree que conmemoraban el día de la victoria por medio de una celebración en la que mujeres y varones intercambiaban sus ropas (Plutarco, *Las virtudes de las mujeres* 245c). De sus himnos se conservan nueve fragmentos, dirigidos a Artemis, Apolo y a las mujeres. También se le atribuye la creación de un nuevo tipo de verso, el llamado "telesíleo". En T4-5 se indica que Cleobulina, Telesila y Praxila adquirieron notoriedad en la misma época. Praxila (siglo V a. C.) fue una poetisa oriunda de Sición que se dedicó a la composición de poemas breves, canciones para beber e himnos, de los que conservamos escasos fragmentos. Es autora de un ditirambo titulado "Aquiles" y de una composición sobre Adonis de la que quedan tres hexámetros. Se hizo famosa por la expresión "más estúpido que el Adonis de Praxila", ya que en este último poema, cuando Heracles preguntó a Adonis cuál era la cosa más bella del mundo, este respondió "el sol, la luna y algunas frutas". Se le atribuye la invención del metro llamado "praxíleo".

Safo (siglos VII-VI), nacida en Mitilene, una ciudad de la isla de Lesbos, ha sido una de las mujeres intelectuales más famosas del mundo antiguo. Pertenecía al mismo círculo aristocrático que el poeta lírico Alceo. A causa de las disputas entre diversas familias aristocráticas y la instalación de la tiranía, se vio obligada a exiliarse por un corto período de tiempo.[120] Se cree que estuvo a cargo de un grupo de jóvenes mujeres que, unidas por lazos pedagógicos y amorosos, aprendían junto con ella la educación musical.[121] Se dedicó principalmente a la composición de poesía lírica y en algunos de sus brillantes poemas expresó el deseo que sentía por otras mujeres [122] Conservamos también himnos en honor a Afrodita y Hera, epitalamios y canciones

---

[120] Sobre el carácter político de la poesía de Safo, cfr. Parker, Holt, "Sappho's Public World", en Greene, Ellen (ed.), *Women Poets in Ancient Greece and Rome*, Norman, University of Oklahoma Press, 2005, pp. 3-24.

[121] No es claro qué grado de institucionalidad tenía este grupo, si se trataba de un círculo de seguidoras y compañeras o, como se ha alegado, de una cofradía (*thíasos*). Sobre esta tema, véase las observaciones de Williamson, Margaret, *Sappho's Immortal Daughters*, Massachusetts, Harvard University Press, 1995, pp. 79-84 y de Calame, Claude, "Sappho's Group: An Initiation into Womanhood", en Greene, Ellen (ed.), *Reading Sappho. Contemporary Approaches*, Berkeley-Los Ángeles, University of California Press, 1996, pp. 113-124.

[122] Un interesante tratamiento de este tema se encuentra en Williamson, Margaret, *op. cit.*, pp. 90-132 y Paradiso, Annalisa, "Sappho, la poétesse", en Loraux, Nicole (dir.), *La Grèce au féminin, op. cit.*, pp. 41-53. Asimismo, es preciso tener en cuenta que, a pesar de que existe una gran cantidad de testimonios que permite estudiar la sexualidad masculina y las prácticas homoeróticas entre varones en la Grecia antigua, es poco lo que se sabe sobre la sexualidad femenina y, en particular, sobre las relaciones homoeróticas entre mujeres. Esto se debe a que la mayor parte de los escasos documentos antiguos con los que contamos han sido escritos por varones que estaban excluidos de los contextos en los que las prácticas homoeróticas femeninas se desarrollaban. Por este motivo, los fragmentos de los poemas sáficos son una preciosa fuente para el estudio de la sexualidad femenina y el desarrollo de una experiencia erótica que trasciende los límites de los discursos androcéntricos. Cfr. Downing, Christine, "Lesbian Mythology", *Historical Reflections / Réflexions Historiques*, vol. 20, 1994, pp. 169-199; Greene, Ellen, "Apostrophe and Women's Erotics in the Poetry of Sappho", en Greene, Ellen (ed.), *Reading Sappho. Contemporary Approaches, op. cit.*, pp. 233-247 y Skinner, Marilyn, "Woman and Language in Archaic Greece, or, Why is Sappho a Woman?, en Greene, Ellen (ed.), *Reading Sappho. Contemporary Approaches, op. cit.*, pp. 175-192.

satíricas para coros de mujeres. Antífanes escribió una comedia titulada *Safo* donde se atribuye a la poeta lesbia un enigma:

> Existe una criatura femenina que protege a sus crías
> en su propio vientre. Aunque mudas,
> a través del oleaje marino y de la tierra firme toda, ellas lanzan un grito resonante
> a cualquier mortal que deseen. Es posible que las escuchen
> quienes no están presentes, pero tienen el sentido
> de la escucha, y también un sordo (Ateneo, *Banquete de los sabios* 450e-451b; Antífanes, *PCG* II 196).

En la obra el personaje que representa al padre de Safo propone que la criatura femenina es la ciudad y sus vástagos, los oradores. Sin embargo, Safo rechaza esta respuesta y ofrece la correcta:

> La criatura femenina es la carta,
> que lleva dentro de sí las letras como crías.
> Aunque mudas, estas hablan a quienes están lejos,
> a cualquiera que deseen,
> y puede suceder que alguien,
> aunque esté casualmente cerca del que lee, no escuche.[123]

---

[123] Dado que el enigma hace referencia a la experiencia de lectura de una carta se entiende por qué pueden "escuchar las letras", *i. e.* leer, tanto las personas sordas como aquellas que están lejos. En uno de los fragmentos de Heráclito encontramos un contraste similar. Cfr. Clemente, *Stromata* V 116 (DK 22 B 34).

7

Sobre nuestra traducción

La presente traducción ha sido realizada a partir de la colección de textos sobre Cleobulina reunida por Matelli, como ya hemos anticipado. Hemos preferido no reproducir la diferenciación convencional entre fragmentos y testimonios, ya que los usualmente considerados "fragmentos" son citas de cuya literalidad no tenemos certeza y que están presentadas en contextos ficcionales o argumentativos que es importante incluir, puesto que condicionan su sentido. Por esta razón, hemos optado por considerar todas las fuentes sobre Cleobulina como testimonios que hemos numerado y ordenado de acuerdo con un criterio propio. Las divergencias que en este punto mantenemos con Matelli y otros editores han sido indicadas *infra*, en la tabla de correspondencias.

    Por otra parte, hemos intentado reproducir, a través de diversas estrategias, la gracia y vivacidad de algunas de las fuentes que retratan a Cleobulina, así como también el ritmo y colorido de las sentencias y enigmas que en ellas se mencionan. Por este motivo, en algunos casos hemos sacrificado la estricta literalidad en favor de usos consagrados por hablantes idóneos de nuestra lengua que permiten revitalizar las fuentes antiguas. Asimismo, hemos optado por citar algunos términos griegos relevantes para la comprensión de los temas y problemas referidos. Todos ellos han sido transliterados de acuerdo con las normas detalladas en la traducción de *Amantes rivales* publicada en esta misma colección.[124]

---

[124] Gardella, Mariana y Vecchio, Ariel (coord.), *Amantes rivales. Sobre la filosofía. Diálogo pseudoplatónico*. Buenos Aires, Teseo, 2017, p. 61.

Traducción de testimonios

8

Datos biográficos

1. Diógenes Laercio, *Vidas y sentencias de los filósofos más ilustres* **I 89**

Cleobulo, hijo de Evágoras, era de Lindos o, como dice Duris, de Caria. Algunos afirman que su linaje se remontaba a Heracles. Se distinguía por su fortaleza y belleza, y conoció la filosofía en Egipto. Tuvo una hija, Cleobulina, compositora de acertijos en hexámetros, quien ha sido también recordada por Cratino en la obra que lleva su mismo nombre, aunque escrito en plural.[125] Además, él mismo recuperó el templo de Atenea construido por Dánao.[126] Compuso cantos y enigmas en tres mil versos.

2. Suda, *s. v.* **Cleobulo**

Cleobulo, hijo de Evágoras, de Lindos, uno de los siete llamados "sabios", quien en su época se distinguía de los demás por su fortaleza y belleza, conoció la filosofía en

---

[125] Sobre la comedia *Cleobulinas* escrita por Cratino, véase T 9-11 y Estudio preliminar, apartado 5, "La presencia de Cleobulina en la comedia". La madre de Tales también se llamaba Cleobulina, según testimonia Diógenes Laercio, I 22 y Suda, *s. v.* Tales (DK 11 A 1-2).

[126] Sobre el templo de Atenea construido en la acrópolis de Lindos, cfr. Estudio preliminar, apartado 1, "Cleobulina de Lindos, persona y personaje".

Egipto. Tuvo una hija, Cleobulina, compositora de acertijos en hexámetros. Él escribió cantos y enigmas en tres mil versos.

3. Plutarco, *Sobre por qué la Pitia no proclama actualmente sus oráculos en verso* 401a-b[127]

[401a] Según parece, la paronimia oculta muchos nombres.[128] En efecto, se dice que la madre de Alejandro [401b] fue llamada Políxena, luego Mirtale, Olimpia y también Estratónica;[129] y aún actualmente la mayoría llama a la rodia Eumetis Cleobulina por el nombre de su padre.

---

[127] Durante el período en el que se desempeñó como sacerdote del oráculo de Delfos, Plutarco escribió tres diálogos llamados "píticos": *La E de Delfos*, *Sobre por qué la Pitia no proclama actualmente sus oráculos en verso* y *La desaparición de los oráculos*. En *Sobre por qué la Pitia no proclama actualmente sus oráculos en verso* los interlocutores discuten mientras recorren los monumentos del santuario de Apolo hasta llegar al templo. El tema central, por qué el oráculo ha dejado de expresarse en versos épicos y elegíacos, permite tratar otras cuestiones tales como la naturaleza de la divinidad, el azar, la providencia y la adivinación.

[128] De acuerdo con la clásica definición ofrecida por Aristóteles, "se dice que son parónimas cuantas cosas reciben su nombre a partir de algo por medio de una diferencia en la inflexión, como "gramático" a partir de "gramática" y "valiente" a partir de "valentía" (*Categorías* 1a12-15).

[129] Olimpia de Epiro fue hija de Neoptólemo I, rey de Molosia; esposa de Filipo II, rey de Macedonia, y madre de Alejandro Magno. Durante el reinado de su esposo y de su hijo, ejerció una notable influencia política. En las fuentes se dice que su carácter era despiadado e implacable. Debido a las disputas que mantuvo con Antípatro, en el 331 a. C. se exilió junto con su hija, Cleopatra, en Epiro, donde fue gobernante. Tras la muerte de Alejandro Magno, intentó frenar la disolución del imperio y consolidar su poder en contra de Poliperconte, sucesor de Antípatro, y Casandro, hijo de este último, quien la mandó a matar. Sobre Olimpia, véase el estudio de Carney, Elizabeth, *Olympias, Mother of Alexander the Great*, Nueva York, Routledge, 2006.

4. Jerónimo, *Chronicon*, p. 112[130]

Durante la Olimpíada LXXXII (452-449 a. C.), Crates, el cómico,[131] Telesila y el lírico Baquílides[132] son considerados personas famosas. Praxila y también Cleobulina son célebres.[133]

5. Jorge Sincelo, *Ecloga Chronographica*, p. 470[134]

Hacia el año 452 a. C., Cratino y Platón, los cómicos, alcanzaron su madurez intelectual [...]. Crates, el cómico, y también Telesila, Praxila y Cleobulina adquirieron notoriedad. Baquílides, el poeta lírico, alcanzó su madurez intelectual.

---

[130] La fuente de este testimonio, conocida como *Hieronymi Chronicon*, es la traducción latina hecha por Jerónimo del segundo libro de la *Historia universal* (*Pantodapè historía*) escrita por Eusebio de Cesarea. La novedad de este libro es que presenta una lista de fechas y eventos ordenada en formato tabular, similar a las modernas líneas de tiempo.

[131] Crates fue un comediógrafo del período de la llamada "comedia antigua" que llegó a obtener tres victorias en las Grandes Dionisias. Es considerado por Aristófanes un importante poeta (*Caballeros* 537-540).

[132] Baquílides de Ceos (siglos VI-V) fue un poeta lírico, sobrino y discípulo de Simónides.

[133] Sobre Telesila y Praxila, cfr. Estudio preliminar, apartado 6, "Las mujeres en la historia intelectual griega".

[134] La fuente de este testimonio es *Ecloga Chronographica*, obra del monje Jorge Sincelo cuyo propósito era escribir una historia universal. Para ello se valió, entre otras fuentes, de un epítome de la *Historia universal* de Eusebio de Cesarea.

9

La educación de Cleobulina y su lugar entre las mujeres intelectuales de Grecia

6. Diógenes Laercio, *Vidas y sentencias de los filósofos más ilustres* I 91-92

[91] Cleobulo afirma que es necesario dar a las hijas en matrimonio cuando son jóvenes de edad, pero de mente madura, demostrando así que es necesario educar también a las muchachas [...]. [92] Aconsejaba ejercitar bien el cuerpo; ser más amigo de la escucha que charlatán, más bien erudito que ignorante; guardar la lengua para las palabras auspiciosas; que la virtud nos sea propia y el vicio, ajeno; rehuir la injusticia; aconsejar lo mejor a la ciudad; dominar el placer; no hacer nada con violencia; educar a los hijos; poner fin a la hostilidad; no sobreprotejer a una mujer, ni pelear con ella en presencia de extraños, pues aquello es señal de estupidez, esto, de locura; no reprender a un esclavo borracho, pues esto nos hará parecer borrachos; y casarse con personas que sean del mismo estatus social, pues en caso de tomar a una de las de estatus superior, tendrás a sus parientes como jefes.[135]

---

[135] Cfr. Estudio preliminar, apartado 2. 3, "Selección de apotegmas".

7. Plutarco, *Preceptos conyugales* 145e[136]

Tú, Eurídice, intenta por sobre todo atender a los apotegmas de los sabios y nobles, y tener siempre en tu boca aquellas frases que recibiste de nosotros cuando eras una niña, para que regocijes al varón y seas admirada por las otras mujeres, adornada con poca cosa, de forma extraordinaria y respetable. Pues no es posible, sin gastar mucho, tomar las perlas de la mujer pudiente y los vestidos de seda de la mujer extranjera y ponérselos encima. En cambio, con los adornos de Téano, de Cleobulina, de Gorgo —mujer de Leónidas—, de Timoclea —hermana de Teágenes—, de la antigua Claudia, de Cornelia —hija de Escipión— y de cuantas fueron admiradas y famosas, con estos, es posible que vivas honrada y feliz, llevándolos como una dote y adornándote con ellos.

8. Clemente, *Stromata* IV 19. 122-123

[122] De Aspasia de Mileto, sobre la cual los cómicos ponen por escrito muchas cosas, se beneficiaron Sócrates para la filosofía, Pericles para la retórica. A causa de la extensión del discurso omito a las otras, ya que no cuento ni a las poetisas Corina, Telesila, Mía y Safo ni a las pintoras Irene, hija de Cratino, y Anaxandra de Nealces, [123] a las que Dídimo menciona en *Simposíacos*. La hija de Cleobulo, el sabio y soberano de Lindos, no se avergonzaba de lavar los pies a los extranjeros que visitaban a su padre.

---

[136] Sobre T 7-8, cfr. Estudio preliminar, apartado 6, "Las mujeres en la historia intelectual griega" y Jerónimo, *Contra Joviniano* I 49.

10

La presencia de Cleobulina en la comedia

9. Cratino, *Cleobulinas* (Hefestión de Alejandría, *De metris enchiridion* I 9; *PCG* IV 94)

El varón joven tiene yunque y martillo para la potranca de hermosa crin.[137]

10. Cratino, *Cleobulinas* (Hesiquio, *Lexicon*, s. v. *aithès péplos*; *PCG* IV 95)

Cratino, en *Cleobulinas*: "lanzando peplos ardientes".

11. Zenobio, I 33 (*PCG* IV 95)

"Peplo ardiente": expresión aplicada a quienes encienden los ánimos y los corrompen, urdiendo calumnias. También se cuenta que Deyanira envió un peplo a Heracles a causa del cual murió quemado.[138]

---

[137] Sobre el sentido de este testimonio, cfr. Estudio preliminar, apartado 5, "La presencia de Cleobulina en la comedia".

[138] Cfr. Eurípides, *Medea* 946-1230, donde se cuenta que Medea envió a Glauce, hija de Creonte y prometida de Jasón, un peplo envenenado a causa del cual murió quemada y también su padre, al intentar salvarla.

12. Alexis, *Cleobulina* (Ateneo, *Banquete de los sabios* 585f-586a; *PCG* II 109)[139]

[585f] Dado que conozco a algunos oradores políticos que mencionan a las heteras, o bien para acusarlas, o bien para defenderlas, también a ellos los recordaré. Demóstenes ha mencionado a Sinope [586a] y a Fanóstrata en *Contra Androción*.[140] Sobre Sinope, Heródico, allegado de Crates, en el sexto libro de *Personas mencionadas en la comedia*, afirma que era llamada Abido por ser vieja.[141] Antífanes la menciona en las comedias *Arcadio*, *Jardinero*, *Costurera*, *Pescadora* y *Pichona*;[142] Alexis, en *Cleobulina* y Calícrates, en *Mosquión*.[143]

---

[139] Este testimonio ha sido tomado del libro XIII de *Banquete de los sabios* de Ateneo que está dedicado a las mujeres. En algunas secciones se hace referencia a las mujeres heteras y a las prostitutas.

[140] Sinope y Fanóstrata eran dos prostitutas. Cfr. Demóstenes, *Contra Androción* 56, donde se acusa a este de haber querido incautarse de ellas.

[141] Sinope y Abido eran dos ciudades. La primera, situada en el Mar Negro, era próspera; la segunda, ubicada en el Helesponto, decadente.

[142] Antífanes (*circa* 408-334 a. C.) es un comediógrafo de la comedia media que escribió numerosas piezas de las que no se conservan más que fragmentos. A juzgar por la cantidad de títulos citados, Sinope era un personaje que aparecía con frecuencia en sus obras (*PCG* II 21-24, 27-29, 43, 114, 166-168).

[143] Calícrates es un comediógrafo del que no se conserva más que esta referencia (*PCG* IV 1).

11

Pintura de Cleobulina en *Banquete de los siete sabios* de Plutarco

13. Plutarco, *Banquete de los siete sabios* **148c-e**

[148c] Anacarsis estaba sentado en el pórtico y una muchacha de pie frente a él le acomodaba el pelo con las manos. Ella corrió espontáneamente hacia Tales, este la besó y sonriendo le dijo:

—Embellece al huésped para que no se nos presente a la vista temible y salvaje, a pesar de ser el más civilizado.

Después que yo [*scil*. Diocles] preguntara quién era la niña, respondió:

[148d] —¿No conoces a la sabia y famosa Eumetis? Su propio padre la llama así, pero la mayoría, Cleobulina, por el nombre paterno.

—Seguramente elogias la inteligencia y sabiduría de la joven para los acertijos —dijo Nilóxeno—. Pues algunos de los lanzados por ella han llegado hasta Egipto —agregó—.

—No precisamente —dijo Tales—, pues los usa algunas veces para jugar, como los astrágalos, y los lanza a quienes le salen al paso. Además, posee una asombrosa sensatez, pensamiento político y carácter filantrópico, y hace a su padre [148e] un gobernante más apacible y popular ante los ciudadanos.

—Claro —dijo Nilóxeno— eso le parece a quien observa su sencillez y simplicidad. ¿Pero por qué cuida de Anacarsis con tanta ternura?

—Porque es un varón sensato y conocedor de muchas cosas —dijo—, y le ha transmitido generosamente y con entusiasmo la dieta y la purificación que los escitas usan con los enfermos. Creo que ahora ella lo trata con respeto y se muestra amable porque aprende, de cierta manera, dialogando con él.

12

Cleobulina, Esopo y la tradición de la fábula

14. Plutarco, *Banquete de los siete sabios* **150a-b**

[150a] Esopo, quien hace poco tiempo atrás había sido enviado por Creso a lo de Periandro y al santuario del dios en Delfos, estaba presente sentado en un taburete bajo al lado de Solón, reclinado en un lugar más alto.[144]

—Una mula lidia —contó Esopo—, al ver la imagen de su propia apariencia en el río, y al asombrarse por la belleza y la magnitud de su cuerpo, comenzó a correr como un caballo encabritado. Luego, al darse cuenta de que era hija de un burro, frenó [150b] rápidamente la carrera, y renunció al relincho y el arrebato.

—Tú también eres lento y corres como una mula —dijo Quilón imitando a los laconios con su voz.

A continuación, Melisa se acercó y se recostó al lado de Periandro, y Eumetis se sentó al lado de Esopo[145] para comer.

---

[144] Sobre la presencia de Esopo en *Banquete de los siete sabios* de Plutarco y su relación con Cleobulina, cfr. Estudio preliminar, apartado 3. 1. 2, "Esopo".
[145] Aquí hay una laguna en el texto. *Aísopon* ("Esopo") es una enmienda de Kaibel.

15. Plutarco, *Banquete de los siete sabios* 155e-f

[155e] Una vez que esta discusión llegó a su fin, Eumetis se marchó junto con Melisa. Cuando Periandro bebió por Quilón de la gran copa y Quilón por Bías, Árdalo, tras levantarse dirigiéndose a Esopo, le dijo:

—¿No nos pasarías de una buena vez tu vaso? Porque estoy viendo que estos se pasan unos a otros la copa, como si fuera la de Baticles, sin compartir con ningún otro.[146]

[155f] —Pero este no es el vaso popular —respondió Esopo—, pues hace rato está disponible sólo para Solón.

16. Plutarco, *Banquete de los siete sabios* 157a-b

[157a] —Dado que la conversación sobre la administración de la casa ha surgido nuevamente —dijo Quersias—, ¿quién de ustedes podría explicar lo que se ha dejado de lado? Se deja de lado, creo, una cierta medida de la propiedad[147] que sea suficiente y conveniente de alcanzar.

—A los sabios —dijo Cleobulo— la ley ha concedido una medida, en cambio, a los más torpes les contaré el relato de mi hija, que ella contaba a su hermano. Decía que la luna pedía a su madre que le tejiera un vestidito [157b] a medida. Pero esta respondió: "¿cómo podré tejerlo a medida? Pues ahora te veo llena, luego menguante y después creciente".

---

[146] Aquí hay una referencia a la leyenda según la cual el arcadio Baticles legó al hombre más sabio una copa de oro. Ninguno de los siete sabios se consideraba merecedor de ella, de modo que se la pasaban unos a otros. Cfr. Morales Otal, Concepción y García López, José, *Plutarco. Obras morales y de costumbres*, vol. II, Madrid, Gredos, 1986, p. 249, n. 124.

[147] Al tema de la administración de la casa se refiere Plutarco por medio del sustantivo *oikonomía*. Lo que se discute aquí es la posibilidad de hallar un criterio que permita establecer qué tipo y qué cantidad de posesiones se debe adquirir para satisfacer los deseos y necesidades. Sobre este problema y el sentido de la fábula de Cleobulina que se narra en este contexto, cfr. Estudio preliminar, apartado 4. 1, "Los enigmas de Cleobulina".

Del mismo modo, querido Quersias, ninguna medida de la propiedad existe para el hombre necio y torpe, pues a causa de los deseos y de la suerte, la propiedad es en un momento una, luego otra, según las necesidades. Al igual que el perro del que nos habla Esopo, que pensaba hacerse una casilla, dado que en invierno se acurrucaba y enroscaba porque sentía frío, pero cuando en verano otra vez dormía extendido, se creía grande y pensaba que no era una tarea necesaria ni fácil construirse semejante casilla.

13

Definición y clasificación de los enigmas

17. Aristóteles, *Poética* 1458a25-30

[1458a25] Esta es la forma del enigma: hacer combinaciones imposibles para mencionar cosas que realmente existen. No es posible lograr esto a través de una mera combinación de nombres, sino a través de la metáfora. Por ejemplo, "vi a hombre [1458a30] soldar con fuego bronce a hombre" y otros enigmas de la misma clase.[148]

18. Aristóteles, *Retórica* 1405a35-b5

[1405a35] Para referir a las entidades que carecen de nombre, es necesario elaborar una metáfora no a partir de algo lejano, sino de algo que pertenece al mismo género y a la misma especie. Lo que se dice se vuelve evidente porque pertenece al mismo género, como en el popular enigma: [1405b1] "vi a hombre soldar con fuego bronce a hombre". Esta experiencia carece de nombre, pero en ambos casos se añade algo. Por esta razón, se llama "soldadura" a la colocación de la ventosa. En general, a partir de los enigmas que han sido bien formulados, es posible extraer

---

[148] Sobre la definición de "enigma" ofrecida por Aristóteles y Ateneo en T 17-19, cfr. Estudio preliminar, apartado 4, "Los enigmas en la Grecia antigua".

metáforas logradas, pues las metáforas [1405b5] proponen enigmas, de manera que es evidente que en los enigmas hay buenas metáforas.

19. Ateneo, *Banquete de los sabios* 448b-e

[448b] Cuando Ulpiano estuvo a punto de añadir algo frente a ellos, Emiliano interrumpió:

—Para nosotros, amigos, es momento de investigar un poco sobre los enigmas, para que nos apartemos de los vasos, aunque sea por poco tiempo, pero no como establece *La tragedia del alfabeto* escrita por Calias de Atenas.[149] Pero primero investiguemos nosotros cuál es la definición de "enigma", no cuál lanzó Cleobulina de Lindos en sus acertijos, pues [448c] nuestro compañero, Diotimo de Olimpene,[150] ha hablado suficientemente sobre eso, sino cómo los compositores de comedias se han ocupado de ellos y qué prenda esperaban quienes no pudieran resolverlos.

—Clearco de Solos —afirmó Larensio— lo define así: "un enigma es un problema entretenido que demanda encontrar una solución a través de una investigación por medio de la inteligencia, aunque el enigma arrojado sea dicho con la intención de obtener una distinción o provocar un daño". En su *Sobre los enigmas* el mismo Clearco afirma que existen siete clases de enigmas: "a partir de la letra", por ejemplo, cuando tenemos que decir palabras que comienzan con alfa, como un nombre de pez o planta. Lo mismo ocurre cada vez que alguien solicita que los nombres tengan o no tengan alguna de las letras, como en los enigmas llamados

---

[149] Sólo se conoce esta obra a través de las referencias hechas por Ateneo. El coro habría estado integrado por mujeres que representaban letras del alfabeto griego. Al respecto, véase Rosen, Ralph, "Comedy and Confusion in Callias' Letter Tragedy", *Classical Philology*, vol. 94, 1999, pp. 147-167.

[150] Única referencia a este autor del que nada se sabe.

"asigmáticos".[151] [448d] De ahí que Píndaro también haya compuesto una oda contra la sigma, como si se tratara de cierto enigma arrojado a través de la composición lírica.[152] Se dice que existen enigmas "a partir de la sílaba", cuando tenemos que decir cualquier verso que esté encabezado por *ba-*, por ejemplo, *basileús*, o que finalice en *–nax*, por ejemplo, *Kalliánax*;[153] o que empiece con "león", como Leónidas, o que por el contrario lo tenga al final, como Trasileón.[154] Y hay enigmas "a partir del nombre", por ejemplo, cuando tenemos que decir nombres simples o compuestos de dos sílabas cuya forma se muestre elevada o baja; o nombres que no tengan relación con dioses, como [448e] Cleónimo, o que sí la tengan, como Dionisio —en este caso, pueden estar formados a partir de un dios o de muchos, como Hermafrodito—; o que comiencen por Zeus, como Diocles, o con Hermes, como Hermodoro; o que finalicen, si se puede, en *–nikos*. Quienes no hablan como se les ha pedido beben del vaso.[155]

---

[151] Es decir, enigmas formulados con palabras que no poseen sigma, letra del alfabeto griego equivalente a la "s".

[152] Cfr. Píndaro, ditirambo 2 y Ateneo, *Banquete de los sabios* 455b-c y XI 467b.

[153] Es difícil reflejar en castellano el fenómeno que se señala en griego. Por esta razón, hemos decidido mantener algunas palabras en su idioma original. *Ba-* es la sílaba inicial del sustantivo *basileús* ("rey") y *-nax* la final del nombre propio Calianacte.

[154] En este ejemplo el fenómeno señalado se da tanto en griego como en castellano, pues la forma *léonta*, acusativo singular de *léon* ("león"), se encuentra al comienzo del nombre propio *Leonídes* y al final de *Thrasyléon*.

[155] Este último grupo de nombres se divide en *áthea*, lit. sin dioses, y *theophóra*, lit. que portan dioses. El nombre *Dionýsios* ("Dionisio") es semejante al del dios *Diónysos* ("Dioniso"). El nombre *Hermaphróditos* ("Hermafrodito") refiere tanto a Hermes como a Afrodita. Los nombres vinculados con Zeus son aquellos que comienzan por *Diós*, genitivo singular de *Zeús*. Los nombres finalizados en *-nikos* se vincularían con *Níke*, personificación de la victoria.

14

Los enigmas de Cleobulina

El enigma de la ventosa

20. Plutarco, *Banquete de los siete sabios* **153e-154c**

[153e] —Cleodoro, también los antiguos griegos tenían la costumbre [153f] de lanzarse unos a otros problemas de este tipo —afirmó Periando interrumpiendo—. Pues escuchamos que para los funerales de Anfidamante en Calcis se reunieron los poetas más notables entre los sabios de aquel tiempo.[156] Anfidamante era un varón hábil en la guerra y cayó en la batalla por Lelanto, luego de ofrecer muchas dificultades a los eretrios. A causa de su rivalidad, los versos compuestos por los poetas hacían difícil y problemática la decisión, y la fama de los competidores ocasionaba a

---

[156] Se dice que para el funeral de Anfidamante, rey de Eubea, su hijo, Ganictor, organizó un certamen que reunió a los poetas más sabios. Allí se enfrentaron Homero y Hesíodo, y ganó este último. Plutarco reemplaza la presencia de Homero por la de Lesques, un poeta autor de *Pequeña Ilíada*, porque no creería en la leyenda que relata el encuentro entre los dos sabios. Esta se desarrolla en un texto de época imperial conocido como *Certamen de Homero y Hesíodo* cuyo contenido parece haber sido tomado de *Museo* de Alcidamante. Cfr. West, Martin, "The Contest of Homer and Hesiod", *The Classical Quarterly*, vol. 17, 1967, pp. 433-450 y Uden, James, "The *Contest of Homer and Hesiod* and the Ambitions of Hadrian", *The Journal of Hellenic Studies*, vol. 130, 2010, pp. 121-135.

quienes juzgaban una gran [154a] perplejidad, acompañada de respeto reverencial.[157] Los poetas se volvieron hacia interrogantes de este tipo y Lesques, según se dice, lanzó este:

> Cuéntame, Musa, estas cosas,
> las que no sucedieron antes ni sucederán en el futuro.

Hesíodo respondió improvisadamente:

> Cuando alrededor de la tumba de Zeus los caballos de cascos sonantes chocaron sus carros deseosos de victoria.[158]

Se dice que por esto fue muy admirado y obtuvo el trípode.

—¿En qué [154b] se diferencia este último de los acertijos de Eumetis? —preguntó Cleodoro—. Tal vez no sea inadecuado que, mientras ella juega y teje como las demás tejen cinturoncitos y redecillas, los lance, pero que los varones que son sensatos los consideren con cierta seriedad es ridículo.

Aunque con gusto le hubiera contestado algo, Eumetis se contuvo por vergüenza, según parece, y su rostro se llenó de sonrojo. Esopo, como intentando defenderla, dijo:

—¿No sería más ridículo no poder resolverlos? Por ejemplo, el breve acertijo que nos lanzó antes de la comida:

> Vi a hombre soldar con fuego bronce a hombre.

¿Podrías decir qué es esto?
—[154c] No me hace falta entenderlo —dijo Cleodoro.

---

[157] Hemos traducido por "respeto reverencial" el término *aidós*, valor propio de las sociedades aristocráticas del mundo homérico que refiere al sentimiento de vergüenza o intimidación que se siente frente a la mirada ajena.
[158] Que haya caballos alrededor de la tumba de Zeus es algo que jamás podría suceder, dado que Zeus es inmortal.

—Sin embargo, nadie conoce esto más que tú —replicó— ni lo hace mejor. Si lo niegas, tengo como testigos a los sicionios.[159]

Cleodoro se echó a reír, pues hacía más uso de las ventosas que los médicos de su tiempo y gracias a él este tratamiento había obtenido fama por sobre otros.

21. Demetrio, *Sobre la elocución* 102

También hay que cuidarse de utilizar la alegoría continuamente, para que el discurso no se nos vuelva un enigma, como el de la ventosa medicinal:

> Vi a hombre soldar con fuego bronce a hombre.[160]

22. Ateneo, *Banquete de los sabios* 452b-c

[452b] Muchos de los enigmas son como este:

> Vi a hombre soldar con fuego bronce a hombre,
> tan íntimamente soldados quedaban que se hacían consanguíneos.

[452c] Esto refiere a la aplicación de ventosas.

---

[159] Aquí Esopo hace un chiste a partir del doble sentido del término *sikýa* que refiere tanto al habitante de Sición como a la ventosa. Sobre el humor de Plutarco, cfr. Estudio preliminar, apartado 2, "Cleobulina en *Banquete de los siete sabios* de Plutarco".

[160] La fuente de este testimonio es el tratado *Sobre la elocución*, compuesto probablemente entre los siglos II y I por Demetrio de Siria, quien se formó en Alejandría y fue maestro de Cicerón en Atenas, según la hipótesis de Chiron, Pierre, *Un rhéteur méconnu: Démétrios (Pseudo-Démétrios de Phalère). Essai sur les mutations de la théorie du style à l'époque hellénistique*, París, Vrin, 2001, pp. 311-370. En este contexto Demetrio analiza la alegoría y, bajo la influencia de la opinión de Aristóteles, previene sobre su uso abusivo que puede volver oscura y enigmática la expresión.

23. *Antología palatina* XIV 54

También a mí el ingenioso arte de Peán
me hizo encerrar el fuego que aún respira detrás de labios de bronce.
Mientras extraigo la oscura sangre de los miserables hombres,
a Hefesto mato encerrándolo en mi vientre.[161]

El enigma del buen ladrón

24. Anónimo, *Discursos dobles* § 3. 10-12

[10] Volveré sobre las técnicas, especialmente sobre los recursos técnicos de los artistas. Pues en la composición de tragedias y en la pintura quien más engaña al hacer cosas similares a las que son verdaderas, ese es el mejor. [11] Quiero traer el testimonio de los poemas más antiguos. De Cleobulina:

> Vi a hombre robar y engañar violentamente
> y hacer esto con violencia era lo más justo.[162]

[12] Esos versos existían hace tiempo. Estos son de Esquilo:

> Del engaño justo no está lejos el dios:
> hay casos en los que el dios honra el momento oportuno para las mentiras.

---

[161] En este enigma hay una personificación de la ventosa que habla en primera persona. Cfr. *Antología palatina* XIV 54.
[162] Cfr. Aristóteles, *Ética nicomaquea* 1134a15-20.

El enigma de la flauta

25. Plutarco, *Banquete de los siete sabios* 150d-f

[150d] Una vez que las mesas fueron levantadas y las coronas repartidas por Melisa, nosotros hicimos las libaciones. Después de tocar breves notas para nuestras libaciones, la flautista se retiró de en medio. Tras llamar a Anacarsis, Árdalo le preguntó si entre los escitas había flautistas:

[150e] —No —respondió aquel, tajante— y tampoco viñedos.

—Pero los escitas tienen dioses —replicó a su turno Árdalo.

—Sin duda —afirmó—, dioses que escuchan el lenguaje humano, no como los helenos, quienes pensando que argumentan mejor que los escitas, creen sin embargo que los dioses escuchan con mayor agrado los huesos y la madera.

—¡Ojalá supieras, extranjero, —agregó Esopo— que los actuales fabricantes de flautas, como han abandonado los huesos de cervatillo, se valen de los de burro y afirman que suenan mejor! Por este motivo, también Cleobulina se refirió a través de un acertijo a la flauta frigia:[163]

> [150f] Con la pata y la pezuña, un burro muerto me golpeó la oreja.

De manera que nos sorprende que el burro, a pesar de ser el animal más bruto y menos armonioso, ofrezca el hueso más delicado y armonioso.

—Sin duda —afirmó Nilóxeno—, por eso los busiritas nos acusan a nosotros, los naucratitas, pues nos valemos de los huesos de burro para la flauta.[164] Sin embargo, ellos

---

[163] Sobre las armonías lidia, jónica, frigia y dórica, cfr. Platón, *República* III 398c-399d.
[164] Los busiritas son los habitantes de Busiris y los naucratitas, de Náucratis.

tampoco se permiten escuchar una trompeta porque, cuando suena, se parece a un burro. Y ustedes saben, presumo, que a causa de Tifón el burro es tratado con desprecio por los egipcios.[165]

El enigma del año

26. Suda, s. v. Cleobulina

Cleobulina de Lindos, hija de Cleobulo, el sabio. Escribió versos, enigmas y un acertijo que celebra el año, cuyo comienzo es: "uno el padre, doce los hijos y cada uno de ellos, treinta hijos".

---

[165] Tifón era un monstruo alado, mitad hombre y mitad fiera. Su cuerpo estaba cubierto de víboras y sus dedos eran cabezas de dragón. Cuando atacó el cielo, los dioses huyeron hacia Egipto y adoptaron formas de animales. Murió cuando Zeus, persiguiéndolo, lanzó contra él el monte Etna. Cfr. Grimal, Pierre, *op. cit.*, *s. v.* Tifón.

27. Diógenes Laercio, *Vidas y sentencias de los filósofos más ilustres* I 90-91

[90] En *Las notas* de Pánfila[166] hay un enigma de Cleobulo: [91] "uno el padre, doce los hijos. Para cada uno de ellos, dos veces treinta hijas, de aspecto diverso, divididas en dos grupos: unas se ven blancas; otras, por el contrario, negras. Aunque son inmortales, todas perecen".[167] Es el año.

---

[166] Pánfila habría sido la autora de un libro sobre mujeres guerreras y del mencionado volumen de notas que recopilaría dichos de mujeres. Cfr. Hawley, Richard, "Ancient Collections of Women's Sayings: Form and Function", *Bulletin of the Institute of Classical Studies*, vol. 50, 2007, pp. 163-164.

[167] El mismo enigma es transmitido por Estobeo, I 8. 37 y *Antología palatina* XIV 101, fuentes que también atribuyen su autoría a Cleobulo. Las hijas de los meses son mujeres porque la palabra *heméra* es de género femenino. Cada mes tiene sesenta hijas, en lugar de treinta, porque en cada jornada se distinguen el día de la noche.

Tabla de correspondencias

Nuestra traducción	Matelli	Bergk	Diehl	West
T 1	T 13			
T 2	T 18			
T 3	T 11			
T 4	T 15 (a)			
T 5	T 15 (b)			
T 6				
T 7	T 10			
T 8	T 14			
T 9	T 1			
T 10	T 1			
T 11	T 1			
T 12	T 3, T 12 (b)			
T 13	T 4			
T 14	T 5			
T 15	T 8			
T 16	F 9			
T 17	T / F 7 (*loci paralleli*)			

T 18	T / F 7 (*loci paralleli*)			
T 19	T 12 (a)			
T 20	T / F 7		F 1	F 1
T 21	T / F 7 (*loci paralleli*)			
T 22	T / F 7 (*loci paralleli*)	F 1	F 1	F 1
T 23	T / F 7 (*loci paralleli*)			
T 24	F 2	F 2	F 2	F 2
T 25	T / F 6	F 3	F 3	F 3
T 26	T / F 17			
T 27				
	T 16			

Apéndice

Colección de juegos con palabras

Esta selección es una muestra escasa, aunque representativa, de la potencia lúdica que alimenta la creación de diversos juegos con palabras que, en principio, podemos distribuir en dos modalidades, según recurran o no a referentes extralingüísticos. En el segundo caso, cuando la falta de referencia es total, estamos ante lo que, con propiedad, se denomina "juego de palabras" —incluso con palabras inventadas— y es la sintaxis lo que proporciona la clave de comprensión, *e. g.* en el trabalenguas "Tengo una calcatrepa con cuatro calcatrepitos, cuando la calcatrepa trepa, trepan los cuatro calcatrepitos". Si bien hay allí dos verbos, una preposición, un adjetivo numeral —indiferente en la mención de la cantidad— y un adverbio indefinido de tiempo, es el régimen sintáctico de los verbos lo determinante para la captación de sentido porque el sustantivo "calcatrepa" *simula* una referencia extralingüística, pero no la tiene, y el artículo indefinido "una" actúa como cómplice de esa simulación. Casi lo mismo se da en la frase, muy popular hace algunos años, "Sagrapa el calimestrón", cuya autoría no hemos podido atestiguar con certeza y que muchos atribuyen a Carlitos Balá, maestro en la invención de palabras. Aquí tenemos una frase que sugiere cierta entonación que permite inferir que "sagrapa" es un verbo y "calimestrón" un sustantivo, todo ello gracias a la morfología y al determinante "el". El uso ha generado una sinonimia para el verbo y el sustantivo que permite traducir "Funciona el (mi) cerebro", máxime si se lo acompaña con un gesto también cómplice. En cambio, en adivinanzas del tipo "Si el enamorado es advertido, ahí va el nombre de la novia y el color del vestido", a pesar de que está integrada con palabras con carga semántica indiscutible, lo lúdico se da exclusivamente como un juego entre los términos. Por lo demás, en los distintos títulos o subtítulos usados para organizar esta pequeña antología, hemos tenido en cuenta juegos con y de palabras integrados en distintas manifestaciones de cultura popular tradicional, desde antiguas rimas españolas hasta canciones de nuestro folclore, donde la rima, el ritmo, la música, las metáforas, las aliteraciones, incluso algunos anacolutos, más otras figuras literarias y retóricas, son muestra de espíritu lúdico y fuerza expresiva que trascienden los límites que pretenden imponer diccionarios y academias. Lectores y lectoras podrán apreciar que, salvo algunas excepciones, nuestra antología abarca desde antiguos juegos con palabras españoles hasta ocurrencias lúdicas en tangos y canciones populares de los primeros años de la década del sesenta. Prácticamente no hemos incursionado en dos territorios que, cada uno en su estilo, representan nuevos modos –consagrados en vastos sectores del público– de jugar con música, letras, ritmos y rimas. Nos referimos al variado género musical del rock y al más acotado, marcadamente apoyado en ritmo y rima, del rap. Tampoco hemos tenido en cuenta la rica vertiente de los refraneros español y criollo porque en ellos el tipo de referencia semántica es distinta, ya que los refranes son expresiones de un pragmatismo moral empírico que atenúa cualquier matiz lúdico, cuando lo hay, o incluso lo excluye. Cada lector y cada lectora podrán ampliar y enriquecer con criterio propio nuestra propuesta de selección.

Somos conscientes de que la puesta por escrito de los juegos con palabras que componen este apéndice se queda corta frente a la vivacidad de la transmisión oral, la escucha musical y la gestualidad concomitante, pese al intento de capturarlas mediante signos diacríticos y preciosismos gráficos. Valga ello como estímulo para promover la inquietud de recuperar siquiera algunos de esos matices, y suplir las carencias y limitaciones propias de la escritura, tan extraordinariamente valiosa como instrumento para la producción y transmisión de otro tipo de discurso, muchas veces matizado con guiños poéticos significativos.

Enigmas, adivinanzas, y preguntas con y sin respuesta

I.
Brama y brama como el toro,
y relumbra como el oro.[168]

II.
En una calle muy limpia
anda una dama al compás,
que camina pa' delante
con los ojos para atrás.[169]

III.
Hermanos son,
uno va a misa
y el otro no.[170]

IV.
Yo soy animal que viajo
de mañana a cuatro pies,
a mediodía con dos
y por la tarde con tres.[171]

---

[168] El trueno y el relámpago. Las adivinanzas I a XXI fueron tomadas del libro editado por el Consejo Nacional de Educación, *Antología folklórica argentina para escuelas primarias*, Buenos Aires, Kraft, 1940.
[169] La tijera. Téngase en cuenta que la calle muy limpia es la tela que la tijera corta.
[170] El vino y el vinagre.
[171] Un hombre que atraviesa las distintas etapas de la vida. Véase el enigma de la esfinge citado en Estudio preliminar, apartado 4, "Los enigmas en la Grecia antigua".

V.
Una vieja corcoveta
tuvo un hijo enredador,
unas hijas buenas mozas
y un nieto predicador.[172]

VI.
Oro no es,
plata no es,
abre la cortina
y sabrás lo que es.[173]

VII.
Unas regaderas
más grandes que el sol
con que riega el campo
Dios nuestro señor.[174]

VIII.
Cuando chiquita cornudita
y cuando grande mochita.[175]

IX.
En el campo monterano
hay un fraile franciscano,
tiene dientes y no come,
tiene barbas y no es hombre.[176]

X.
Vestidos de blanco y negro
venían dos caballeros,

---

[172] La vid. Específicamente, en la adivinanza se hace referencia al tronco del que brotan los sarmientos, las uvas y el vino.
[173] El plátano.
[174] Las nubes.
[175] La luna.
[176] El choclo.

uno al otro se decían
"yo primero, yo primero".[177]

XI.
Una yegüita blanca
salta cerros y barrancas,
y no se manca.[178]

XII.
Primero fui blanca,
después verde fui,
cuando fui dorada
¡ay, pobre de mí![179]

XIII.
Yo vi cien damas hermosas
en un momento nacer,
ponerse como una rosa
y en seguida perecer.[180]

XIV.
Cuando me siento me estiro,
cuando me paro me encojo,
entro al fuego y no me quemo,
entro al agua y no me mojo.[181]

XV.
Una dama muy delgada
y de palidez mortal,
que se alegra y se reaviva
cuando la van a quemar.[182]

---

[177] Los pies.
[178] La luna.
[179] La naranja.
[180] Las chispas.
[181] La sombra.
[182] La vela.

XVI.
Siempre quietas,
siempre inquietas,
durmiendo de día,
de noche despiertas.[183]

XVII.
Entre muralla y muralla
hay una flor colorada;
llueva o no llueva,
siempre está mojada.[184]

XVIII.
Todos me pisan a mí,
pero yo no piso a nadie;
todos preguntan por mí,
yo no pregunto por nadie.[185]

XIX.
Garra, pero no de cuervo,
pata, pero no de vaca.[186]

XX.
Dos niñas a la par,
que no se pueden mirar.[187]

XXI.
En el campo me crié
rodeada de verdes lazos,
aquel que llora por mí

---

[183] Las estrellas.
[184] La lengua.
[185] El camino.
[186] La garrapata.
[187] Los ojos.

es el que me hace pedazos.[188]

XXII.
Pérez que anda,
Gil que camina,
tonto es el que no lo adivina.[189]

XXIII.
Si el enamorado es advertido,
ahí va el nombre de la novia
y el color del vestido.[190]

XXIV.
Este banco está ocupado
por un padre y por un hijo,
el padre se llama Juan,
el hijo ya te lo he dicho.[191]

XXV.
Yendo por un camino que no venía,
me robaron la capa que no tenía.
Fui a un limonar y corté manzanas,
vino el dueño de las naranjas:
—¿Qué está usté haciendo en mi colmenar?
—Estoy comiendo bananas dulces como la miel de las alcachofas.[192]

XXVI. Del poema "Déjame en paz, amor tirano", de Luis de Góngora y Argote
Ciego que apuntas y atinas,
caduco dios y rapaz,
vendado que me has vendido

---

[188] La cebolla.
[189] El perejil.
[190] Elena y morado.
[191] Esteban.
[192] El mentiroso.

y niño mayor de edad.[193]

XXVII. Del poema satírico n° 49 (Blecua), de Francisco de Quevedo
¿Quién hace al tuerto galán
y prudente al sin consejo?
¿Quién al avariento viejo
le sirve de río Jordán?
¿Quien hace de piedras pan
sin ser el Dios verdadero?
El dinero.
¿Quién siendo toda cristiana
tiene la cara de hereje?
¿Quién hace que al hombre aqueje
el desprecio y la tristeza?
La pobreza.

XXVIII. Ganso (antiguo juego castellano anónimo)
Ganso, ¿de dónde vienes?
De tierra de garbanzo.
¿Qué traes en el pico?
Un cuchillito.
¿Dónde lo afilaste?
En una piedra.
¿Dónde está la piedra?
Al agua la tiré.
¿Dónde está el agua?
Los bueyes la bebieron.
¿Dónde están los bueyes?
Fueron a buscar leña.
¿Dónde está la leña?
La vieja la quemó.
¿Dónde está la vieja?
Hilando lana.
¿Dónde está la lana?

---

[193] El poema hace referencia a Cupido.

Las pollas la piaron.
¿Dónde están las pollas?
Poniendo huevos.
¿Dónde están los huevos?
Los frailes los comieron.
¿Dónde están los frailes?
Diciendo misa.
¿Dónde está la misa?
¡Detrás de la pila del agua bendita!

XXIX. De *El libro de las preguntas*, de Pablo Neruda (póstumo)
¿Cuántas preguntas tiene un gato?[194]

XXX. De *El libro de las preguntas*, de Pablo Neruda (póstumo)
Si he muerto y no me he dado cuenta ¿a quién le pregunto ahora?

XXXI. Del vals criollo "¿Quién eres tú?" (letra de Agustín Magaldi, música de Mario Battistella)
¿Quién eres tú?[195]

Rimas y ritmos

XXXII.
Esta copla nomás canto,
ya se me va haciendo tarde.
Si la muerte no me aguarda
ya no tengo quien me aguarde.

XXXIII.

---

[194] Una respuesta a esta pregunta se podría encontrar en "Oda al gato" del mismo autor.
[195] Eduardo Mignogna usó este vals como tema musical de fondo para su película de 1984, *Evita, quien quiera oír que oiga*.

Cuando me echaron al mundo
me echaron patas arriba;
por eso canto de pena,
por eso lloro de dicha.[196]

XXXIV.
Me dicen que el vino mata
y la chicha resucita.
Yo les pregunto a los sabios
cuál es la mejor bebida.

XXXV.
De las penas de este mundo
justo es que a nadie le importe,
pero si la pena es de uno
ya todo cambia de golpe.

XXXVI.
No hay que asustarse de nada,
este mundo es poca cosa;
los que no saben aprenden,
los que saben se equivocan.

XXXVII.
La copla si es una copla
corre como corre el agua,
no tiene dueño ni dueña,
vive en la voz del que canta.

XXXVIII. Tilingo (juego anónimo español)
Tilingo, tilingo,
mañana es domingo,
de san Sarapico,
de pico de gallo,

---

[196] Las coplas XXXII-XXXVII fueron tomadas de Zerpa, Domingo, *La Puna al son de las cajas. Cien coplas y dos romances*, Salta, Milor, 2004.

san Juan a caballo,
vino una vieja
pelando un cabrito,
le pedí un poquito,
no me quiso dar,
me fui al corral,
me puse a llorar,
vino otra vieja
a quitarme los calzones
¡Yo que corría!
¡Yo que volaba!
¡Válgame Dios
que pedos tiraba!

XXXIX.
Cuantas gentes en el mundo
llevan desnudas las piernas,
unos por falta de medios,
otros por falta de medias.[197]

XL. Juancito de Juan Moreira (juego anónimo criollo)
Juancito de Juan Moreira,
alcanzame la escupideira,
que anoche comí una peira
y hoy estoy de cagadeira.

XLI.
Coger es verbo inmoral,
quien use palabra tal
es indecente y protervo.
Nota: a pesar de lo cual

---

[197] La autoría es de Vital Aza, poeta festivo español de los siglos XIX-XX. Sus composiciones han sido editadas en el volumen Aza, Vital, *Todo en broma*, Madrid, Administración del noticiero, 1919.

se conjuga mucho el verbo.[198]

XLII.
En tiempo de los apostoles (*sic*)
los hombres eran unos barbaros,
se subían a los arboles
y se comían los pajaros.[199]

Tangos y canciones populares

XLIII. Del tango "El tarta" (letra de Emilio Fresedo, música de José María Rizzuti)
Por norma parlo poco porque peco por hablar.

XLIV. Del tango "Bien pulenta" (letra de Carlos Waiss, música de Juan D'Arienzo)
No me gustan los boliches
que las copas charlan mucho
y en dos tragos se deschava
lo que nunca se pensó,
yo conozco muchos hombres
que eran guapos y eran duchos
y en la cruz de cuatro copas
se comieron un garrón.

---

[198] Esta rima ha sido extraída de *La Argentina que yo he visto*, de Manuel Gil de Oto. Una reedición del original de 1915 ha sido publicada en la excelente colección "Los raros" de la Biblioteca Nacional en 2010. Manuel Gil de Oto es anagrama del nombre del periodista y escritor Miguel Toledano, crítico venenoso de costumbres y usos lingüísticos de los argentinos. Véase también Sorrentino, Fernando, "Un colérico censor español del tiempo del Centenario", *Espéculo. Revista de estudios literarios*, vol. 17, 2001.

[199] En las provincias de nuestro noroeste circula esta cuarteta que parece representar una dificultad de lenguas originarias para incorporar palabras esdrújulas. Por esta razón, las esdrújulas se transforman en palabras graves.

XLV. Del tango "Che, papusa, oí" (letra de Enrique Cadícamo, música de Gerardo Matos Rodríguez)
Che, papusa, oí los acordes melodiosos que modula el bandoneón.
Che, papusa, oí los latidos angustiosos de tu pobre corazón.
Che, papusa, oí cómo surgen de este tango los pasajes de tu ayer.
Si entre el lujo del ambiente hoy te arrastra la corriente, mañana te quiero ver.

XLVI. Del tango "Siga el corso" (letra de Francisco García Giménez, música de Anselmo Aieta)
Esa colombina puso en sus ojeras
humo de la hoguera de su corazón
y aquella marquesa de la risa loca
se pintó la boca por besar a un clown […].[200]

XLVII. Del tango "Al mundo le falta un tornillo" (letra de Enrique Cadícamo, música de José M. Aguilar)
Si habrá crisis, bronca y hambre,
que el que compra diez de fiambre
hoy se morfa hasta el piolín.

XLVIII. Del tango "El que atrasó el reló (*sic*)" (letra de Enrique Cadícamo, música de Guillermo Barbieri)
¿Querés que me deschave y diga quién sos vos?
Vos sos, che, vagoneta, el que atrasó el reló.

XLIX. Del tango "Carillón de la Merced" (letra de Alfredo Le Pera, música de Enrique Santos Discépolo)
Milagro peregrino
que un llanto combinó;
tu canto, como yo,
se cansa de vivir
y rueda sin saber dónde morir.

---

[200] Pronúnciese "clon".

L. Del tango "Estudiante" (letra de Alfredo Le Pera, música de Carlos Gardel)
Era, en la calle maleva una flor,
linda como una mañanita de sol.

LI. Del estilo criollo "Guitarra, guitarra mía" (letra de Alfredo Le Pera, música de Carlos Gardel)
Azules noches pamperas
donde calmé sus enojos
hay dos estrellas que mueren
cuando se duermen sus ojos.

LII. Del tango "Recuerdo Malevo" (letra de Alfredo Le Pera, música de Carlos Gardel)
Era mi pebeta una flor maleva
más linda que un día dorado de sol.
Trenzas renegridas, mirada que ruega,
boca palpitante de fuego y de amor.

LIII. Del tango "Soledad" (letra de Alfredo Le Pera, música de Carlos Gardel)
Yo no quiero que nadie se imagine
cómo es de amarga y honda mi eterna soledad,
en mi larga noche el minutero muele
la pesadilla de su lento tic-tac.

LIV. Del vals criollo "Absurdo" (letra de Homero Expósito, música de Virgilio Expósito)
Portal donde la noche se quedó esperando,
cedrón por donde el viento se perfuma y pasa.

LV. De la milonga "Milonga triste" (letra de Homero Manzi, música de Sebastián Piana)
La luna cayó en el agua,
el dolor golpeó mi pecho,
con cuerdas de cien guitarras

me trencé en remordimientos.

LVI. De la milonga "El conventillo" (letra de Arturo De La Torre y Fernando Rolón, música de Ernesto Baffa y Fernando Rolón)
Una noche, un tal Loyola
me embrocó en un guay fulero,
batida, bronca, taquero,
celular, biaba y gayola.

LVII. De la canción "El arriero" (letra y música de Atahualpa Yupanqui)
Un degüello de soles muestra la tarde,
se han dormido las luces del pedregal,
y animando la tropa, dale que dale,
el arriero va, el arriero va.

LVIII. De la zamba "El Paraná en una zamba" (letra de Jaime Dávalos, música de Ariel Ramírez)
Brazo de la luna que, bajo el sol,
el cielo y el agua rejuntará.
Hijo de las cumbres y de las selvas
que extenso y dulce recibe el mar.

LIX. De la canción "El violín de Becho" (letra y música de Alfredo Zitarrosa)
Mariposa marrón de madera,
niño violín que se desespera,
cuando Becho lo toca y se calma,
queda el violín sonando en su alma.[201]

---

[201] "Becho" era el apodo de Carlos Eizmendi, primer violín de la Orquesta Sinfónica del Sodre (Montevideo). Mantuvo una relación apasionada y polémica con su intrumento que inspiró a su gran amigo, Alfredo Zitarrosa, esta canción.

LX. De la chacarera "Chakay Manta" ("De allá") (letra de los hermanos Ábalos, música de Victor Ledesma)
Una moda hay en mi pago,
moda muy entretenida,
hacemos machar (*sic*) las viejas
en medio de la comida.
Otra moda hay en mi pago,
qué moda tan lisonjera,
cuando se machan las viejas
bailamos la noche entera.
Hay una que es la mejor de las modas de mi pago,
quien la quiera conocer que viva un tiempo en Santiago.[202]

LXI. De "El ángel de la bicicleta" (letra y música de León Gieco)
Cambiamos ojos por cielo,
sus palabras tan dulces, tan claras
cambiamos por truenos.

LXII. De "Ojo con los Orozco" (letra y música de León Gieco)
Nosotros no somos como los Orozco,
yo los conozco, son ocho los monos:
Pocho, Toto, Polo, Tom,
Moncho, Rodolfo, Otto, Pololo.
Yo pongo los votos sólo por Rodolfo,
los otros son locos, yo los conozco, no los soporto.
Stop. Stop.

LXIII. De "Ana no duerme" (letra y música de Luis Alberto Spinetta)
Ana de noche
hoy es un hada
canta palabras,

---

[202] El verbo "machar" es sinónimo de "emborrachar".

canta y se torna en luz.[203]

LXIV. De "Dime quién me lo robó" (letra y música de Sui Generis)
¿Dónde está el sol?
¿Dónde está Dios?
Dime quién me lo robó.

LXV. Del candombe "Doña Soledad" (letra y música de Alfredo Zitarrosa)
Doña Soledad,
y usted para conversar
hubiera querido estudiar.
Cierto que quiso querer,
pero no pudo poder.

LXVI. De la cumbia "El pescador" (letra y música de José Barros)
El pesacador habla con la luna
el pescador habla con la playa
el pescador no tiene fortuna
sólo su atarraya.

Otros juegos con palabras

Trabalenguas

LXVII.
Paco Peco, chico rico, insultaba como un loco a su tío Federico. Y este dijo: "poco a poco, Paco Peco, poco pico".

---

[203] Cfr. Conde, Oscar (comp.), *Poéticas del rock*, vol. I, Buenos Aires, M. H. Olivieri, 2007.

LXVIII.
He reñido a un posadero. ¿Por qué? ¿Cuándo?¿Dónde? ¿Cómo? Porque cuando donde como sirven mal, me desespero.

LXIX.
Tres tristes tigres comieron trigo en un trigal.

LXX.
Pablito clavó un clavito. ¿Qué clavito clavó Pablito?

LXXI.
El perro de San Roque no tiene rabo porque Ramón Ramírez se lo ha robado.

LXXII.
Erre con erre guitarra, erre con erre barril, mira qué rápido ruedan las ruedas redondas del ferrocarril.

LXXIII.
Tengo una calcatrepa con cuatro calcatrepitos. Cuando la calcatrepa trepa, trepan los cuatro calcatrepitos.

LXXIV.
En el castillo de Mos, jugaba al mus una miss y con Jesús vis-à-vis divertíanse los dos, mas tanto perdió la miss y tanto ganó Jesús que a lo menos en un mes no juega en Mos más miss mus.

Sinlogismos[204]

LXXV.

---

[204] Se reproducen aquí algunos de los llamados "sinlogismos" de Sofocleto, pseudónimo del periodista y humorista peruano Luis Felipe Angell de Lama.

La música japonesa es una tortura china.

LXXVI.
La letra O se pronuncia como se escribe.

LXXVII.
Los libros de cirugía no deberían tener apéndice.

LXXVIII.
El mundo está lleno de extranjeros.

LXXIX.
La N es una Z que se cayó.

LXXX.
Era Cristiana, ¿ya no lo es?

LXXXI.
Ojos que no ven, con razón que no sienten.

Bibliografía

A continuación presentamos una lista de la bibliografía citada en las notas a pie cuya consulta permitirá ampliar y profundizar los temas tratados en este libro.

Ediciones, traducciones y comentarios

Bergk, Theodorus, *Poetae lyrici graeci*, pars II: *Poetas elegiacos et iambographos continens*, Leipzig, Teubner, 1866.
Bernabé Pajares, Alberto y Rodríguez Somolinos, Helena, *Poetisas griegas*, Madrid, Ediciones Clásicas, 1994.
Bianchi, Francesco, *Fragmenta Comica. Kratinos, Einleitung und Testimonia*, Band 3.1, Heidelberg, Verlag Antike, 2017.
Buffière, Félix, *Anthologie grecque. Première partie: Anthologie palatine*, tome XII: livres XIII-XV, París, Les Belles Lettres, 1970.
Capellà i Soler, Margalida, *Poetes gregues antigues*, Barcelona, Publicacions de l'Abadia de Montserrat, 2004.
Defradas, Jean; Hani, Jean y Klaerr, Robert, *Plutarque. Oeuvres morales*, vol II, París, Les Belles Lettres, 1985.
Diehl, Ernestus, *Anthologia lyrica graeca*, fasc. 1: *Poetae elegiaci*, Leipzig, Teubner, 1949.
Diels, Hermann y Kranz, Walter, *Die Fragmente der Vorsokratiker*, Berlín, Weidmann, 3 vol., 1954 (1° ed. 1903).
Gardella, Mariana y Vecchio, Ariel (coord.), *Amantes rivales. Sobre la filosofía. Diálogo pseudoplatónico*. Buenos Aires, Teseo, 2017.
Giannantoni, Gabriele, *Socratis et Socraticorum Reliquiae*, Nápoles, Bibliopolis, 4 vol., 1991.

Ildefonse, Frédérique, *Plutarque. Dialogues pythiques*, París, Flammarion, 2006.
Kahn, Charles, *The Art and Thought of Heraclitus*, Nueva York, Cambridge University Press, 2001 (1° ed. 1979).
Kassel, R. y Austin, C., *Poetae Comici Graeci*, vol. IV: Aristophon-Crobylus, Berlín, DeGruyter, 1983.
Kassel, R. y Austin, C., *Poetae Comici Graeci*, vol. V: Damoxenus-Magnes, Berlín, De Gruyter, 1986.
Kassel, R. y Austin, C., *Poetae Comici Graeci*, vol. II: Agathenor-Aristonymus, Berlín, De Gruyter, 1991.
Mársico, Claudia, *Filósofos socráticos*, Buenos Aires, Losada, 2 vol., 2013-2014.
Marzi, Mario y Conca, Fabrizio, *Antologia palatina*, vol. III: libri XII-XVI, Turín, Unione Tipografico-Editrice Torinense, 2011.
Matelli, Elisabetta, "Sulle tracce di Cleobulina", *Aevum*, vol. 71, 1997, pp. 11-61.
Morales Otal, Concepción y García López, José, *Plutarco. Obras morales y de costumbres*, vol. II, Madrid, Gredos, 1986.
Robinson, Thomas, *Contrasting Arguments. An Edition of the Dissoi logoi*, Nueva York, Arno Press, 1979.
Solana Dueso, José, *Aspasia de Mileto. Testimonios y discursos*, Barcelona, Anthropos, 1994.
Solana Dueso, José, *Las filósofas pitagóricas. Escritos filosóficos y cartas*, Amazon E-book, 2014.
Thesleff, Holger, *The Pythagorean Texts of the Hellenistic Period*, Åbo, Åbo Akademi, 1965.
West, Martin, *Iambi et elegi graeci ante Alexandrum cantati*, vol. 2: *Callinus, Mimnermus, Semonides, Solon, Tyrtaeus, Minora adespota*, Nueva York, Oxford Clarendon Press, 1992 (1° ed. 1972).

Bibliografía complementaria

Agamben, Giorgio, *Estancias. La palabra y el fantasma en la cultura occidental*, trad. Tomás Segovia, Valencia, Pre-Textos, 2006 (1° ed. 1977).
Aza, Vital, *Todo en broma*, Madrid, Administración del noticiero, 1919.
Berra, Aurélien, *Théorie et pratique de l'énigme en Grèce ancienne*, París, École des Hautes Études en Sciences Sociales, 2008.
Beta, Simone, "Riddling at table: *trivial ainigmata vs. philosophical problemata*", en Ribeiro Ferreira, José; Leão, Delfim; Tröster, Manuel y Barata Dias, Paula (ed.), *Symposion and Philanthropia in Plutarch*, Coimbra, Centro de Estudos Clássicos e Humanísticos da Universidade de Coimbra, 2009, pp. 97-102.
Beta, Simone, *Il labirinto della parola. Enigmi, oracoli e sogni nella cultura antica*, Turín, Einaudi, 2016.
Bieda, Esteban, "Escuchar, comprender, opinar el *lógos*. Distintos niveles de conocimiento en algunos fragmentos de Heraclito de Éfeso", *Ordia Prima*, vol. 8, 2011, pp. 51-79.
Burton, Joan, "Women's Commensality in the Ancient Greek World", *Greece & Rome*, vol. 45, 1998, pp. 143-165.
Busine, Aude, *Les sept sages de la Grèce antique. Transmission et utilisation d'un patrimoine légendaire d'Hérodote à Plutarque*, París, De Boccard, 2002.
Calame, Claude, "Sappho's Group: An Initiation into Womanhood", en Greene, Ellen (ed.), *Reading Sappho. Contemporary Approaches*, Berkeley-Los Ángeles, University of California Press, 1996, pp. 113-124.
Carney, Elizabeth, *Olympias, Mother of Alexander the Great*, Nueva York, Routledge, 2006.
Cassin, Barbara (dir.), *Vocabulaire européen des philosophies. Dictionnaire des intraduisibles*, París, Seuil, 2004.

Centrone, Bruno, "Myia", en Goulet, Richard (dir.), *Dictionnaire des philosophes antiques*, vol. IV: de Labeo à Ovidius, París, CNRS Éditions, 2005, pp. 573-574.

Chantraine, Pierre, *Dictionnaire étymologique de la langue grecque. Histoire des mots*, París, Klincksieck, 4 vol., 1968-1977.

Chiron, Pierre, *Un rhéteur méconnu: Démétrios (Pseudo-Démétrios de Phalère). Essai sur les mutations de la théorie du style à l'époque hellénistique*, París, Vrin, 2001.

Colli, Giorgio, *La sapienza greca*, vol. 1: Dioniso, Apollo, Eleusi, Orfeo, Museo, Iperborei, Enigma, Milán, Adelphi, 2005 (1° ed. 1977).

Collins, Derek, "Corinna and Mythological Innovation", *The Classical Quarterly*, vol. 56, 2006, pp. 19-32.

Conde, Oscar (comp.), *Poéticas del rock*, vol. I, Buenos Aires, M. H. Olivieri, 2007.

Consejo Nacional de Educación, *Antología folklórica argentina para escuelas primarias*, Buenos Aires, Kraft, 1940.

Cordero, Néstor Luis, *La invención de la filosofía. Una introducción a la filosofía antigua*, Buenos Aires, Biblos, 2009.

Crusius, Otto, "Litterargeschichtliche Parerga: Kleobuline, Kleobulos und Aisopos", *Philologus*, 1896, pp. 1-5.

Derrida, Jacques, *La carte postale. De Socrate à Freud et au-delà*, París, Flammarion, 1980.

Des Bouvrie, Synnøve, *Women in Greek Tragedy: An Anthropological Approach*, Oslo, Norwegian University Press, 1991.

Detienne, Marcel y Vernant, Jean-Pierre, *Les ruses de l'intelligence. La mètis des Grecs*, París, Flammarion, 1974.

Donegana, Lucas, "El valor de lo humorístico en Platón y la *anámnesis* como herramienta metafórica", *Symploké*, vol. 8, 2018, pp. 77-86.

Dorandi, Tiziano, "Thémista de Lampsaque", en Goulet, Richard (dir.), *Dictionnaire des philosophes antiques*, vol. VI: de Sabinillus à Tyrsénos, París, CNRS Éditions, 2016, pp. 848-849.

Dover, Kenneth, *Greek Popular Morality in the Time of Plato and Aristotle*, Indianapolis, Hackett Publishing Company, 1994 (1° ed. 1974).

Downing, Christine, "Lesbian Mythology", *Historical Reflections / Réflexions Historiques*, vol. 20, 1994, pp. 169-199.

Femenías, María Luisa, "Women and Natural Hierarchy in Aristotle", *Hypathia*, vol. 9, 1994, pp. 164-172.

Fernández Delgado, José, "El sentido del humor de Plutarco", en Fernández Delgado, José y Pordomingo Pardo, Francisca (ed.), *Estudios sobre Plutarco. Aspectos formales*, Madrid, Ediciones Clásicas, 1996, pp. 381-403.

Foley, Helene, "The 'Female Intruder' Reconsidered: Women in Aristophanes' *Lysistrata* and *Ecclesiazusae*", *Classical Philology*, vol. 77, 1982, pp. 1-21.

Fontenrose, Joseph, *The Delphic Oracle. Its Responses and Operations*, Berkeley, University of California Press, 1978.

Forster, Edward, "Riddles and Problems from the *Greek Anthology*", *Greece & Rome*, vol. 14, 1945, pp. 42-47.

García González, Jesús y Fuentes González, Pedro, "Hipparchia de Maronée", en Goulet, Richard (dir.), *Dictionnaire des philosophes antiques*, vol. III: d'Eccélos à Juvénal, París, CNRS Éditions, 2000, pp. 742-750.

García Gual, Carlos, "Introducción general", en Bádenas de la Peña, Pedro y López Facal, Javier, *Fábulas de Esopo, Vida de Esopo y Fábulas de Babrio*, Madrid, Gredos, 1993 (1° ed. 1978), pp. 7-26.

Gardella, Mariana, "Antilogía y relativismo en *Dissoì lógoi* §§ 1-3", *Éndoxa*, n. 40, 2017, pp. 31-48.

Gardella, Mariana, "Los apotegmas de Gorgo, la espartana", *Symploké*, vol. 8, 2018, pp. 8-16.

Gil de Oto, Manuel, *La Argentina que yo he visto*, Buenos Aires, Biblioteca Nacional, 2010 (1° ed. 1915).

Greene, Ellen, "Apostrophe and Women's Erotics in the Poetry of Sappho", en Greene, Ellen (ed.), *Reading Sappho. Contemporary Approaches*, Berkeley-Los Ángeles, University of California Press, 1996, pp. 233-247.

Grimal, Pierre, *Diccionario de mitología griega y romana*, trad. Francisco Payarols, Barcelona, Paidós, 2008 (1° ed. 1951).

Guichard, Luis, "Acertijos de uso escolar en papiros, tablillas y *óstraka*", en Fernández Delgado, José; Pordomingo Pardo, Francisca y Stramaglia, Antonio (ed.), *Escuela y literatura en Grecia antigua*, Salamanca, Ediciones Universidad de Salamanca, 2007, pp. 225-236.

Guichard, Luis, "Acerca del tratado *Perì gríphon* de Clearco de Solos", en Cortés Gabaudán, Francisco y Méndez Dosuna, Julián (ed.), *Dic mihi, Musa, virum. Homenaje al Profesor Antonio López Eire*, Salamanca, Ediciones Universidad de Salamanca, 2010, pp. 285-291.

Hawley, Richard, "Ancient Collections of Women's Sayings: Form and Function", *Bulletin of the Institute of Classical Studies*, vol. 50, 2007, pp. 161-169.

Henderson, Jeffrey, *Three Plays by Aristophanes. Staging Women*, Abingdon-Nueva York, Routledge, 2010 (1° ed. 1996).

Hughes, Alan, "'*Hai Dionysiazusai*': Women in Greek Theatre", *Bulletin of the Institute of Classical Studies*, vol. 51, 2008, pp. 1-27.

Katz, Joshua, "The Riddle of the *sp(h)ij–*: The Greek Sphinx and Her Indic and Indo-European Background", en Pinault, Georges-Jean y Petit, Daniel (ed.), *La langue poétique indo-européenne. Actes du Colloque de travail de la Société des Études Indo-Européennes*, Lovaina, Peeters, 2006, pp. 157-194.

Kurke, Leslie, "Inventing the 'Hetaira': Sex, Politics, and Discursive Conflict in Archaic Greece", *Classical Antiquity*, vol. 16, 1997, pp. 106-150.

Liddell, Henry; Scott, Robert; Jones, Henry y McKenzie, Roderick, *Greek-English Lexicon*, Nueva York, Oxford Clarendon Press, 1996 (1° ed. 1843).

Lightman, Marjorie y Lightman, Benjamin, *A to Z of Ancient Greek and Roman Women*, Nueva York, Facts On File, 2008 (1° ed. 2000).

Lippolis, Enzo, "Il santuario di Athana a Lindo", *Annuario della scuola archeologica di Atene e delle missioni italiane in Oriente*, 1988-1989, vol. 48-49, pp. 97-157.

Loraux, Nicole, "Mélissa, épouse et fille de tyran", en Loraux, Nicole (dir.), *La Grèce au féminin*, trad. Hélène Monsacré, París, Les Belles Lettres, 2003 (1° ed. 1993), pp. 3-37.

Luz, Christine, *Technopaignia. Formspiele in der griechischen Dichtung*, Leiden-Boston, Brill, 2010.

Luz, Christine, "What Has It Got in Its Pocketses? Or, What Makes a Riddle a Riddle?", en Kwapisz, Jan; Petrain, David y Szymański, Mikołaj (ed.), *The Muse at Play. Riddles and Wordplay in Greek and Latin Poetry*, Berlín, De Gruyter, 2013, pp. 83-99.

Macris, Constantinos, "Théano", en Goulet, Richard (dir.), *Dictionnaire des philosophes antiques*, vol. VI: de Sabinillus à Tyrsénos, París, CNRS Éditions, 2016, pp. 820-839.

Madrid, Mercedes, *La misoginia en Grecia*, Madrid, Cátedra, 1999.

Marrou, Henri-Irénée, *Histoire de l'éducation dans l'Antiquité*, París, Éditions du Seuil, 1948.

Martin, Richard, "El acento escita: Anacarsis y los cínicos", en Branham, Bracht y Goulet-Cazé, Marie-Odile (ed.), *Los cínicos. El movimiento cínico en la Antigüedad y su legado*, trad. Vicente Villacampa, Barcelona, Seix Barral, 2000 (1° ed. 1996), pp. 182-207.

Maurizio, Lisa, "*Technopaegnia* in Heraclitus and the Delphic Oracles: Shared Compositional Techniques", en Kwapisz, Jan; Petrain, David y Szymański, Mikołaj (ed.), *The Muse at Play. Riddles and Wordplay in Greek and Latin Poetry*, Berlín, De Gruyter, 2013, pp. 100-120.

McPherran, Mark, "Elenctic Interpretation and the Delphic Oracle", en Scott, Gary A. (ed.), *Does Socrates Have a Method? Rethinking the Elenchus in Plato's Dialogues and Beyond*, Pensilvania, The Pennsylvania State University Press, 2002, pp. 114-144.

Mossé, Claude, *La mujer en la Grecia clásica*, trad. Celia Sánchez, Madrid, Nerea, 1991 (1° ed. 1983).
Naerebout, Frederick y Beerden, Kim, "'Gods Cannot Tell Lies': Riddling and Ancient Greek Divination", en Kwapisz, Jan; Petrain, David y Szymański, Mikołaj (ed.), *The Muse at Play. Riddles and Wordplay in Greek and Latin Poetry*, Berlín, De Gruyter, 2013, pp. 121-147.
Nightingale, Andrea, *Genres in Dialogue. Plato and the Construct of Philosophy*, Cambridge, Cambridge University Press, 1995.
O'Higgins, Laurie, *Women and Humor in Classical Greece*, Cambridge, Cambridge University Press, 2003.
Paradiso, Annalisa, "Sappho, la poétesse", en Loraux, Nicole (dir.), *La Grèce au féminin*, trad. Hélène Monsacré, París, Les Belles Lettres, 2003 (1° ed. 1993), pp. 41-53.
Paradiso, Annalisa, "Gorgo, la spartiate", en Loraux, Nicole (dir.), *La Grèce au féminin*, trad. Hélène Monsacré, París, Les Belles Lettres, 2003 (1° ed. 1993), pp. 115-131.
Parke, Herbert y Wormell, Donald, *The Delphic Oracle*, vol. 1: The History, Oxford, Blackwell, 1956.
Parke, Herbert y Wormell, Donald, *The Delphic Oracle*, vol. 2: The Oracular Responses, Oxford, Blackwell, 1956.
Parker, Holt, "Sappho's Public World", en Greene, Ellen (ed.), *Women Poets in Ancient Greece and Rome*, Norman, University of Oklahoma Press, 2005, pp. 3-24.
Plant, Ian, *Women Writers of Ancient Greece and Rome. An Anthology*, Norman, University of Oklahoma Press, 2004.
Pomeroy, Sarah, *Diosas, rameras, esposas y esclavas. Mujeres en la Antigüedad clásica*, trad. Ricardo Escudero, Madrid, Akal, 1999 (1° ed. 1975).
Pomeroy, Sarah, *Spartan Women*, Nueva York, Oxford University Press, 2002.
Pomeroy, Sarah, *Pythagorean Women. Their History and Writings*, Baltimore, The Johns Hopkins University Press, 2013.
Pucci, Pietro, *Enigma, segreto, oracolo*, Pisa-Roma, Istituti Editoriali e Poligrafici Internazionali, 1996.

Rodríguez Adrados, Francisco, "Géneros helenísticos en el *Banquete de los siete sabios* de Plutarco", en Fernández Delgado, José y Pordomingo Pardo, Francisca (ed.), *Estudios sobre Plutarco. Aspectos formales*, Madrid, Ediciones Clásicas, 1996, pp. 125-142.

Rokem, Freddie, "One Voice and Many Legs: Oedipus and the Riddle of the Sphinx", en Hasan-Rokem, Galit y Shulman, David (ed.), *Untying the Knot: On Riddles and Other Enigmatic Modes*, Nueva York, Oxford University Press, 1996, pp. 255-270.

Rosen, Ralph, "Comedy and Confusion in Callias' Letter Tragedy", *Classical Philology*, vol. 94, 1999, pp. 147-167.

Saïd, Suzanne, "La nature féminine: féminin, femme et femelle dans la biologie d'Aristote", en *Le monde à l'envers. Pouvoir féminin et communauté des femmes en Grèce ancienne*, París, Les Belles Lettres, 2013, pp. 19-53.

Salisbury, Joyce, *Encyclopedia of Women in the Ancient World*, Santa Bárbara, ABC-CLIO, 2001.

Sanchis Llopis, Jordi, "Las profesionales del sexo en la comedia griega del siglo IV a. C.", *Asparkía*, vol. 25, 2014, pp. 49-51.

Schultz, Wolfgang, Rätsel aus dem hellenischen Kulturkreise, Leipzig, Hinrichs, 2 vol., 1909, 1912-1913.

Segal, Charles, *Tragedy and Civilization: An Interpretation of Sophocles*, Norman, University of Oklahoma Press, 1999 (1° ed. 1981).

Skinner, Marilyn, "Woman and Language in Archaic Greece, or, Why is Sappho a Woman?", en Greene, Ellen (ed.), *Reading Sappho. Contemporary Approaches*, Berkeley-Los Ángeles, University of California Press, 1996, pp. 175-192.

Sorrentino, Fernando, "Un colérico censor español del tiempo del Centenario", *Espéculo. Revista de estudios literarios*, vol. 17, 2001.

Souto Delibes, Fernando, "El rol de la prostituta en la comedia: de Ferécrates a Menandro", *Cuadernos de filología clásica: estudios griegos e indoeuropeos*, vol. 12, 2002, pp. 178-179.

Teodorsson, Sven-Tage, "The Place of Plutarch in the Literary Genre of *Symposium*", en Ribeiro Ferreira, José; Leão, Delfim; Tröster, Manuel y Barata Dias, Paula (ed.), *Symposion and Philanthropia in Plutarch*, Coimbra, Centro de Estudos Clássicos e Humanísticos da Universidade de Coimbra, 2009, pp. 3-16.

Thesleff, Holger, *An Introduction to the Pythagorean Writings of the Hellenistic Period*, Åbo, Åbo Akademi, 1961.

Trédé, Monique, *Kairós, L'à-propos et l'occasion. Le mot et la notion, d'Homère à la fin du IVe siècle avant J.-C*, París, Les Belles Lettres, 1992.

Uden, James, "The *Contest of Homer and Hesiod* and the Ambitions of Hadrian", *The Journal of Hellenic Studies*, vol. 130, 2010, pp. 121-135.

Vecchio, Ariel, "Aristóteles y la *mímesis* como *tékhne*: esbozos sobre el problema de su referencialidad", *Anales del Seminario de Historia de la Filosofía*, 2018, en prensa.

Vela Tejada, José, "El *Banquete de los siete sabios* de Plutarco y los temas de sabiduría práctica ", en Ribeiro Ferreira, José; Leão, Delfim; Tröster, Manuel y Barata Dias, Paula (ed.), *Symposion and Philanthropia in Plutarch*, Coimbra, Centro de Estudos Clássicos e Humanísticos da Universidade de Coimbra, 2009, pp. 459-470.

Vernant, Jean-Pierre, "Ambigüedad e inversión. Sobre la estructura enigmática del *Edipo rey*", en Vernant, Jean-Pierre y Vidal-Naquet, Pierre, *Mito y tragedia en la Grecia antigua*, vol. I, trad. Mauro Armiño, Barcelona, Paidós, 2002 (1° ed. 1972), pp. 103-135.

Vernant, Jean-Pierre, "El tirano cojo: de Edipo a Periandro", en Vernant, Jean-Pierre y Vidal-Naquet, Pierre, *Mito y tragedia en la Grecia antigua*, vol. II, trad. Ana Iriarte, Barcelona, Paidós, 2002 (1° ed. 1972), pp. 47-76.

Waithe, Mary, *A History of Women Philosophers*, vol. 1: Ancient Women Philosophers 600 B. C.-500 A. D., Dordrecht, Kluwer Academic Publishers, 1987.

West, Martin, "The Contest of Homer and Hesiod", *The Classical Quarterly*, vol. 17, 1967, pp. 433-450.

West, Martin, "Corinna", *The Classical Quarterly*, vol. 20, 1970, pp. 277-287.

Wider, Kathleen, "Women Philosophers in the Ancient Greek World: Donning the Mantle", *Hypatia*, vol. 1, 1986, pp. 21-62.

Wilamowitz, Ulrich, "Lesefrüchte", *Hermes*, vol. 34, 1899, pp. 219-222.

Williamson, Margaret, *Sappho's Immortal Daughters*, Massachusetts, Harvard University Press, 1995.

Zerpa, Domingo, *La Puna al son de las cajas. Cien coplas y dos romances*, Salta, Milor, 2004.

Este libro se terminó de imprimir en mayo de 2018 en Imprenta Dorrego (Dorrego 1102, CABA).

www.ingramcontent.com/pod-product-compliance
Lightning Source LLC
Chambersburg PA
CBHW021811220426
43662CB00006B/276